外国人労働者の
循環労働と文化の仲介

「ブリッジ人材」と多文化共生

村田晶子
MURATA Akiko

明石書店

はじめに

　深刻な人手不足に対応するために、政府が外国人労働者の受け入れの拡大を進めています。しかし、一口に外国人労働者といっても、オフィスで働くホワイトカラーの職種から、現場での生産・作業に従事する職種までその働き方はさまざまです。

　本書で分析するのは、専門的な知識、技術等を有する、いわゆる「高度人材」とよばれる人々です。高度人材は世界各国で、経済発展に貢献する人材として積極的に招致されており、日本でも政府による受け入れ環境の整備が進められていることから、彼らの労働環境は守られているように見えます。

　しかし、高度人材の中には、短期間のプロジェクトのために来日し、期間限定で働く労働者が含まれていることは、一般にはあまり知られていません。本書で分析するインドIT企業に属して日本で働くインド人ITエンジニアたちの多くは、システム開発のプロジェクトで働く、期間限定の労働者であり、専門知識を生かして働く高度人材であるとともに、市場の変化に対応し、雇用の調整弁（バッファ）として需要に応じて来日し、プロジェクトがなくなれば移動していく切り離し可能な「フレキシブル人材」としての役割も担っています。

　高度人材の中に含まれる、こうしたプロジェクト単位で働く外国人労働者の国際移動と日本における就労環境の実態調査はまだ十分には行われておらず、研究の蓄積を必要としています。本書では、こうした点を踏まえて、インド人エンジニアたちの国際移

動と就労の実態を分析することを通じて、プロジェクト単位の専門職の外国人労働者の移動と労働の実態の一環を明らかにすることを目的としています。

　本書のもう一つの目的は、職場や地域におけるエンジニアたちの「仲介活動」を分析することにあります。インド IT 企業のエンジニアたちは、日本の企業とインド IT 企業とをつなぎ、組織的な差異を埋める、いわゆる「ブリッジ人材」としての役割を担っています。ブリッジ人材とは、日本と海外の組織のどちらかに拠点をおき、2 か国の組織間の情報の橋渡しをするような働き方をする人々を指します（塚﨑 2013）。日本企業の海外進出、グローバル化が進められる中で、国境を越えた組織間をつなぎ、ビジネス慣習、言語文化、生活習慣などの差異を調整する人材の重要性は非常に高まっています（上林 2017）。しかし、これまでブリッジ人材の具体的な職場環境や仲介実践についても十分に調査が行われておらず、この分野でも研究の蓄積が必要とされています。そこで本書では日本で働き、インド IT 企業との仲介を行うエンジニアの就労や生活における「仲介」の一環を明らかにすることも目的とします。

　本書は、筆者のコロンビア大学ティーチャーズカレッジの博士論文 Brokering Culture and Labor: An Anthropological Analysis of IT Offshore Labor between Japan and India（Murata 2011）をベースとして日本語で執筆したもので、その後の日本における外国人労働者の受け入れ拡大の議論とのレリバンスを踏まえ、2011 年の博士論文の内容を再構成・編集し、第 3 章以降を新たに加えました。第 2 章までの記述内容は主として 2011 年以前に行ったフィールドワークのデータをもとにした論考であり、エンジニアたちの国際移動と就労の分析には 2008 年以降に顕在化したリーマンショック後の不況の時期に開発プロジェクトがキャンセルにな

り、帰国を余儀なくされた状況の分析が含まれています。一方、新たに加えた第3章では、当時、地域の多文化共生活動に参加していたIT関係者が10年後にどのように多文化共生のための活動を広げていったのかを含めて分析しています。

　本書の構成は次のとおりです。まず序章で背景と全体の分析の枠組みを示します。そして第1章ではインドのITエンジニアたちの国際移動、プロジェクト単位の移動と労働の流れを分析します。第2章では、さらにエンジニアたちの職場に焦点を当て、職場環境（日本の顧客企業先の環境）に埋め込まれている多様な境界線とそれをめぐるせめぎあいを分析するとともに、彼らの仲介活動と学びを明らかにします。また今回新たに加えた第3章では、エンジニアたちの生活における仲介活動に視点を移し、インド人が多く住む東京都江戸川区において、インドのIT企業出身者プラニク・ヨゲンドラ氏（以下、敬称略、第3章では通称の「よぎ」と記す）がどのように地域住民とインド住民の間を仲介したのかを分析し、地域の外国コミュニティー出身のキーパーソンによる住民をつなぐ活動の意義を明らかにします（ヨゲンドラは2019年から江戸川区議会議員）。本書の最後では、職場、生活における「ブリッジ人材」の仲介活動の共通点を分析し、大学における多文化共生に貢献する、人と人とをつなぐ人材の育成について考えたいと思います。

　本書が「高度人材」とよばれる人々の中の期限付きの労働者の移動や労働の実態を知る一助となり、また、「ブリッジ人材」とよばれる人々の職場、地域における仲介を理解するためのリソースとして、人材育成に生かしていくうえで参考になれば大変幸いです。

2020年1月

村田晶子

目　次

【用語】

高度人材

高度人材の定義として統一された見解はないが、本書では専門的・技術的分野の在留資格をもつ人々を指す。

オフショア開発

オフショア開発とは、海外企業、あるいは海外子会社にシステム開発を委託することを指す。オフショア開発の主な目的は、人件費が安価で豊富な労働力を擁する新興国や途上国の企業、海外子会社に委託することによる経費削減、人手不足の解消、グローバル市場への進出など。

オフショアチーム

インドのオフショア開発センターでの開発プロジェクトに携わるチーム。

オンサイト・オフショア

本書ではオンサイトは日本にある開発現場を指し、オフショアはインドにあるオフショア開発センターを指す。

ブリッジ人材

日本と海外の組織のどちらかに拠点をおき、2か国の組織間の情報の橋渡しをするような働き方をする人々を指す（塚﨑 2013）。

ブリッジエンジニア

ブリッジエンジニアは、上記のブリッジ人材の代表的なカテゴリーで、システム開発を受託する海外企業に所属し、日本企業と海外企業の間の情報の橋渡しを行うシステムエンジニアを指す（吉田 2015）。

仲　　介

　本書における「仲介」とは、狭義の意味では、組織間をつなぎ、情報の授受の橋渡しをすることを指し、組織間の差異を調整することも含まれる。また、広義の意味での「文化の仲介」としては、企業間の仲介に限らず、多様な背景をもつ人々をつなぎ、差異を調整することを指す。本書では第3章の地域における仲介がこれにあたる。

委託開発・受注開発

　委託開発は他社にシステム開発を委託すること。受注開発は他社からシステム開発を受注すること。

請負契約

　受注者が仕事の完成を請け負い、発注者が完成した仕事に対して報酬を支払う契約を指す。発注者は仕事の進め方について監督することは認められない。

文　　化

　本書のタイトルの「文化」とは国民文化を指すものではない（インド文化、日本文化等）。文化の定義はさまざまであるが、本書では、組織間、地域の住民間で差異がどのように表現され、交渉されるのかといった差異をめぐる人々の実践を分析する。

序 章

分析の枠組み

インドIT企業のエンジニアたちは、どのようなルートを経て
インドから日本に来るのだろうか。そして彼らはプロジェクト期
間に顧客企業の職場でどのようなことを経験し、生活空間で何を
感じるのだろうか。本章ではエンジニアたちの国際移動と就労、
そして日本での仲介活動の背景を示すとともに、先行研究と本書
の分析との関わりを示す。

高度人材とは

外国人労働者の受け入れ拡大にともない、政策議論、メディア
等で「高度人材」という言葉がしばしば使われるが、高度人材の
定義として統一された見解はない。本書では、「高度人材」は専
門的・技術的分野の在留資格をもつ人々を指すものとする。

専門的・技術的分野の在留資格は主に次のもので、「教授」、
「芸術」、「宗教」、「報道」、「高度専門職」、「経営・管理」、「法律・
会計業務」、「医療」、「研究」、「教育」、「技術・人文知識・国際業
務」、「企業内転勤」などから構成される。本書で分析するイン
ドIT企業のエンジニアは、この中の「企業内転勤」、「技術・人
文知識・国際業務」の在留資格で主に来日し、就労する人々であ

11

る。

2018 年 10 月の時点で、日本で就労している外国人労働者の総数は約 146 万人とされ、専門的・技術的分野の在留資格をもつ高度人材は全体の約 5 分の 1（約 27.7 万人、19％）を占め、その数は増加している（前年同期比 16.1％増）（厚生労働省 2019）。

専門職の在留資格で就労する人々は、技能実習生、就労を主な目的とした留学生の状況と比較すると、ホワイトカラーの労働者であるため大きな問題を抱えていないと考えられがちである。そのため、非熟練労働に従事する外国人に関しては一定の研究がなされているのに比べ、専門職に就いている外国人材の国際移動と就労の実態に関する研究はまだ十分に蓄積されておらず、外国人ホワイトカラー人材に関する政策や受け入れ実態の研究成果を蓄積していくことの重要性が指摘されている（駒井 2015; 五十嵐・明石 2015）。

高度人材の政策議論

日本政府の外国人の高度人材受け入れに対する政策のスタンスは、1980 年代後半から一貫しており、国益に資する専門職人材は可能な限り受け入れていくという政府方針が維持されてきた（第六次雇用対策基本計画）[1]。この方針がより積極的に進められていくのは 1999 年ごろからで（第二次出入国管理基本計画）、特に IT 技術者に関しては、2000 年前後の世界的な需要の高まりと争奪戦を背景にして、日本においても積極的な受け入れが目指され、2000 年の『IT 基本戦略』では、2005 年までに 3 万人程度の優秀な外国人を受け入れるという具体的な数値目標が掲げられた。本書で分析するインド人 IT エンジニアの受け入れに関しても同年の「日印 IT 協力推進計画」により拡大され、インド人の就労ビ

ザの有効期限が1年から3年に延長されるなど、日本での就労の後押しとなった。

　さらに、2000年代の後半には、国家戦略として外国高度人材の受け入れ環境の整備が推進され、高度人材は代替することができない、イノベーションに貢献するハイエンドな人材として受け入れの促進が目指された（2009年高度人材受入推進会議報告書）。高度人材の就労のインセンティブとして、出入国の規制緩和が進められ[2]、2012年に始められた高度人材ポイント制により「学歴」「職歴」「年収」「年齢」などのポイント付与の基準が設けられ、2015年に設置された「高度専門職」として認められた人材は、一定の条件を満たすことで活動制限が大幅に緩和され滞在期間が無期限になるなどの入管上の優遇措置が受けられるようになった。

　しかし、このような政策議論におけるハイエンドな高度人材のイメージと、専門的・技術的な分野の在留資格で働く人材の間には距離感があり、実際に日本で就労している外国人材の多くは、一般的な大卒ホワイトカラー人材であると指摘されている（五十嵐　2015）。五十嵐が指摘するように2013年に実施された「企業における高度外国人材の受け入れと活用に関する調査」において、企業が雇用する外国人のうち役職なしの者が約7割を占めていることから、企業がこうした外国人材に特別に高度な仕事を期待しているわけではないことがわかる[3]。

　さらに、高度人材とよばれる人々の中には、派遣、請負形態で働く人々も含まれているが、外国人高度人材の受け入れ拡大の政策議論では、そうした労働者に関する議論が十分には行われていない。政策議論では、高度人材の中長期的な「定着」に重点が置かれ、日本が高度外国人材になぜ選ばれないのかという、労働者の主体的な選択（非選択）という枠組みから受け入れ環境の問題

点が検討され、高度人材の定着支援を考えるうえで貴重な知見が提供される一方で（塚﨑 2008）、多様な就労形態の労働者、派遣や請負形態で常駐して働く社員も視野に入れた検討は十分には行われているとは言い難く、研究の蓄積が求められている（村田 2010；村田 2011）[4]。

厚生労働省の「一部上場企業本社における外国人社員の活用実態に関するアンケート調査」（2009）では、外国人社員を活用している企業のうち正社員としての活用は4割にとどまっており、エンジニアに関しても、全体の67％を契約、派遣社員が占めている。企業は国際競争が激化する中、労働市場の規制緩和に伴い非正規雇用を増やし「リスクの個人化」を進めており（Beck 1992）、市場環境の変化が激しい時代において、フレキシブルな労働力に対するニーズが今後ますます高まっていくことが予想される。こうした中で、高度人材に含まれる多様な契約形態の労働者の実態を調査し、彼らの雇用と職場環境を具体的に分析することは、日本における高度人材の受け入れを考えていくうえで、さらには外国人労働者の就労環境を考えていくうえで重要であろう。

循環労働

第1章ではこうしたことを踏まえてインドIT企業のエンジニアたちの国際移動と日本でのプロジェクト単位の就労を分析する。インドIT企業のエンジニアたちは、来日してすぐ日本の企業の職場に赴き、そこで派遣、業務請負などの形で働くが、こうしたエンジニアたちの先進諸国への移動と就労を可能にするものが、インドIT企業の国際人材供給システムである。以下、インドIT企業の人材供給システムがどのような形で発展してきたの

か、初期の海外への人材派遣（body shopping）、インド国内における オフショアビジネス（顧客企業からの開発事業の受託）、そして両者を組み合わせたオンサイト・オフショアモデルの概略を示す。

① 人材派遣ビジネス（Body shopping）

インドの IT 産業によるエンジニアの海外派遣は、1970 年代から開始され、インド政府の技術系人材に対する教育投資により、高度な技術経営教育を行う大学（IIT、IIM[5]など）を卒業したエリートエンジニアたちがアメリカで活躍し、インドのエンジニアの評価を高めていった（Bhatnagar 2006）。さらに 1990 年代には OECD 諸国における IT エンジニアの需要が高まり、特にコンピュータの 2000 年問題[6]に対応するために大量のエンジニアが必要とされるようになり、インド IT 企業・人材派遣会社[7]によるエンジニアの海外派遣ビジネスは拡大していった。

インド IT 企業によるエンジニアの海外派遣ビジネスは 'body shopping' とよばれ、body は IT プログラマーの労働集約的な作業の特性を示し、'shopping' は簡単でスピーディーなエンジニアの労働力の切り売りを表す（Xiang 2007: 5）。この言葉が示すように、初期のインド IT 企業の海外ビジネスの根幹は「人の手配と売買」であり、先進諸国におけるエンジニアの需要が高まった時期に、インドから英語を解するエンジニアを大量に先進諸国に派遣し、市場の需要に応じてエンジニアを配給することができたことが、ビジネス拡大の追い風となった。

② オフショア開発（海外での委託開発）

しかし、インド IT 企業の人材派遣ビジネスは 2000 年代の IT バブル崩壊にともない縮小を余儀なくされ、大量のエンジニアた

ちがインドへ帰国していった。派遣ビジネスに代わり台頭したのが、インド国内の、安い人件費のエンジニアを活かした海外企業からの受託開発（「オフショア開発」）であった。オフショアはビジネスでは「海外」を意味し、オフショア開発とは、先進諸国の企業が、自社の業務を人件費が安価で豊富な労働力を擁する新興国や途上国の企業、海外子会社に委託することを指すもので、発注側と受注側の人件費の差異による経費削減などを主な目的として行われる。インドIT企業は、人件費の安さと豊富な人材、アメリカとのネットワークなどを活かし、海外企業のシステム開発をインドで受注することにより大きく発展し、世界有数のオフショア開発拠点として、売り上げの約75％が海外からの受注となっている（NASSCOM 2019）[8]。また、インドには多くの多国籍企業が自社の開発拠点を設置し、従来の下流工程だけでなく、上流工程から一貫して開発に携わるケースも出ており、インドの開発拠点としての重要性は増している。

オンサイト・オフショアモデル

インドIT企業は、こうした海外へのエンジニア派遣のノウハウと、インド国内でのオフショア開発の強みを生かし、顧客企業のニーズに応じて、エンジニアの海外派遣とオフショア開発（インドのオフショア開発センターでの受託開発）、あるいは二つを組み合わせた事業を行っている。

オンサイト（海外顧客企業への派遣）とオフショア（インドでの開発）を組み合わせた開発は、「オンサイト・オフショアモデル」（ハイブリッドモデル）とよばれ、日本企業のオフショア開発にはしばしばこのモデルが用いられる。このモデルの利点は、インドIT企業のエンジニアが両者を結ぶ連絡係として顧客企業側に常

駐することにより、組織間のコミュニケーションの負担が少なくなることにある（本書の第2章後半で、2国間の組織の連絡役である「ブリッジエンジニア」の仕事を分析する）。

インドIT企業の国際人材供給システムは、外国人労働者の人材供給ルートという視点から見ると日系ブラジル人の従来の国際人材供給システムと一定の共通点をもっており、高度人材、単純労働のどちらも「市場媒介型移住システム」（梶田・丹野・樋口 2005: 138）として、労働者の国際移動と循環を促進すると同時にフレキシブルな労働力を日本企業に供給している（図序-1、序

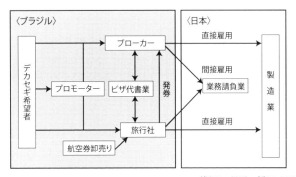

（梶田・丹野・樋口 2005: 92）

図序-1　従来の日系ブラジル人のブラジルから日本への斡旋の流れ

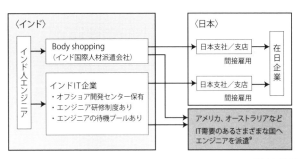

（村田 2010: 76）

図序-2　インド人 IT エンジニアの国際移動と就労の主な流れ

-2)。

　インド IT 企業の労働供給システムを通じてエンジニアたちは、国境を越えて就労の機会を得て、先進諸国に就労することにより経済的社会的な上昇を果たすことができるため、可動性の高いグローバルなノマド（遊牧民）とも呼ばれる。しかし、彼らは市場の需要の変動による影響を受け、不景気には切り離されていく人材としての不安も併せもっている（Xiang 2007; Aneesh 2006; D'Mello & Sahey 2007）。

　こうした労働力の供給は、従来の日系ブラジル人の人材供給システムと類似している。図の日系ブラジル人労働者の供給システムはさまざまな業者のつながりから移住システムが作られており、ブラジルの従来の日系デカセギ希望者は、現地のプロモーター、ブローカー、旅行社などを介して日本に渡り、日本で請負業者を通じて在日企業に直接雇用、あるいは間接雇用される。インド IT 企業による IT エンジニアの移動と就労のシステムでは、インド IT 企業や人材派遣会社によってすべて取り仕切られ、エンジニアは顧客企業へと送られていく。

　二つの労働供給システムの共通点は、労働者がジャストインタイム供給（必要な時に必要なだけ供給するシステム）によって在日企業に提供され、企業の需要の変動に応える形で送り込まれていくという点であり、この供給を支える重要な機能が労働者の「待機」である。日系ブラジル人の従来のシステムの場合には、業務請負業者が急な需要にそなえて、送り出し国、あるいは日本において労働者を待機させる「労働貯水池」が用意されている（梶田・丹野・樋口: 150）。一方、インド IT 企業の場合はインドの IT 企業のオフショア開発センターで働く豊富な人材プール、そして派遣先国における待機（「ベンチング」）がそれにあたる（Aneesh 2006; Xiang 2007; 村田　2010）。どちらのシステムにおいても、労

働力供給は、市場の動向に合わせて行われるフレキシブルなものであるため、就労国での経済が悪化し、需要がなくなれば、出身国への還流へとつながる（Xiang 2007；村田 2010；山田 2009）。

　出身国と海外の職場を行き来する、循環労働を行う者も存在し、日系ブラジル人のデカセギにおいては、日本とブラジルを往復する人々を梶田・丹野・樋口（2005: 272）は「リピーター」、森（1999: 3）は「還流型移住」とよんでいる。

　インド IT 企業のエンジニアの場合も、一部ではインドと日本を複数回行き来する循環労働を作り出しており、インドと日本の間のプロジェクトで繰り返し来日して就労するエンジニアは筆者の調査においても観察された。第 1 章では、こうしたエンジニアのインドから日本、そして帰国までの国際移動を明らかにするとともに、インドの IT 企業のオフショア開発センターでのインタビュー結果を踏まえて、エンジニアたちが帰国後に感じる日本での就労の意味を分析する。

　インド IT 企業の多くは日本だけでなくさまざまな国に拠点をもち、エンジニアの派遣先は北米を中心に世界に広がっており、日本は多様な派遣先の一つにすぎない[10]。インド帰国後のエンジニアたちの分析では、彼らが必ずしも日本向けのプロジェクトにこだわらず、キャリアの通過点として別のプロジェクトに移動したり、転職していく状況を明らかにするとともに、「コア人材」として日本向けのプロジェクトに長く携わっている人々にとっての就労の意味を明らかにしていく。

人月の神話

　システム開発のエンジニアの人材供給の仕組みと労働環境の課題を理解するうえで、重要な概念が「人月（にんげつ）」である。

フレデリック・ブルックスは、システム開発を分析した古典的名著『人月の神話』(2014、原著初版 1975) において、その問題点を以下のように述べている。

> 人月は、人を惑わす危険な神話である。なぜなら、それは人と月が置き換え可能であることを暗示しているからである。(『人月の神話』第 2 章)

　人月とは、システム開発の見積もりに使われている仕事の規模を示す単位である。「一人月（いちにんげつ）」は標準的なスキルをもつエンジニアの 1 か月の仕事量を指す。たとえば、「10 人月」の作業は、一人では 10 か月かかり、10 人では 1 か月で終わることを意味する。しかし、実際に一人で 10 か月かかるプロジェクトに 10 人を投入したからといって、そのプロジェクトが 1 か月で終わるとは限らない。ブルックスは、人月計算は、エンジニアの能力差が考慮されていないこと、また人と人とのコミュニケーションの労力などが含まれていないと指摘する。
　ブルックスの人と月が交換できるかのような錯覚という指摘は、人が均一化された代替可能な労働力として算出され、取引されることから生じる労働環境の問題点を考えるうえでも示唆的である。丹野 (2007) は日系ブラジル人の請負労働の分析において、工場で就労する日系ブラジル人が、人日（にんにち）、人工（にんく）などの抽象化された労働力の単位で調達され、需要に応じて切り離され、移動していく状況を分析し、間接雇用の外国人労働者の不安定な就労環境を明らかにしている。
　人月取引が IT 業界で問題とされる背景もまた、エンジニアの労働量としての取引、とりわけ多重下請け構造における末端のエンジニアの待遇問題と関係している (経済産業省 2015)。エンジニ

アの人月単価は、業界全体として決められた基準があるわけではなく、企業の規模、顧客企業との関係性などによって異なり、その価格は多重下請け構造を経ることによって下がっていく。システムを実際に使う顧客企業から受注したシステム開発の人月単価は、元請け企業（一次請け）を頂点として二次請け、三次請けと、中間企業を通すごとにマージンが引かれていくため、ピラミッドの上位企業では人月単価が 150 万円であっても、末端の企業のエンジニアの単価は 70 万円になるといった状況が発生し、それは上位企業のエンジニアの給与と、現場で作業に当たるエンジニアに支払われる給与水準の差となって現れる。こうした点は外国人エンジニアの待遇にも影響を与えており、彼らもまた労働需給状況に左右され、コストメリットのために活用されていると指摘されており（倉田 2004: 16; 王 2005）[11] インドの全国ソフトウェア・サービス企業協会（NASSCOM）の日本市場に関する報告書、NASSCOM & PricewaterhouseCoopers（2008）もまた、インドIT 企業が二次請け、三次請けに位置付けられると分析する（図序-3）。

　江戸川区の区議会議員のヨゲンドラ（第 3 章参照）もまた、このような多重下請け構造におけるインドIT 企業のエンジニアの

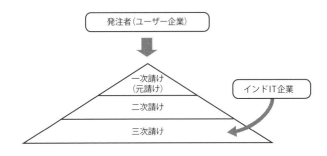

図序-3　日本の IT 業界のピラミッド構造とインド IT 企業の位置付け
（NASSCOM & PricewaterhouseCoopers 2008 から編集）

就労環境の課題について 2006 年に行われた「第 47 回外国人による日本語弁論大会」でのスピーチの中で指摘している [12]。

　　僕が調べた範囲では同じぐらいの教育レベル・実力レベルのソフトウェアエンジニアの給料は 15 万から 60 万円までばらついています。その他、社内情報交換や責任分担などの面でも平等な扱いをされないことがあります。また、医療保険や年金に加入させなかったり、長期雇用を保証しなかったり、就労ビザに必要な支援を与えなかったりする会社もあります [13]。

　第 2 章ではこうしたインド IT 企業の位置付けを踏まえ、インド企業のオフショア開発センターから日本に派遣されたエンジニアたちに焦点を当て、彼らが日本の就労現場の境界線をどのように感じているのかを分析する。インドの IT 企業のエンジニアたちは、日本に到着すると直ちにプロジェクトに着任し、顧客企業先のオフィス（あるいは決められた作業所）にプロジェクト期間中、常駐することが多いが、顧客企業の職場において、さまざまな外部企業のエンジニアたちが混在している場合もあり、労働者の契約形態も多様である（派遣、請負、準委任契約など）。筆者の調査当時（2008-2011）のデータでは、インドの IT 企業から派遣されるエンジニアは請負契約で働いているケースが多く、就労環境には「グレーゾーン」が存在し、それは現在もなくなっていない。
　「グレーゾーン」という言葉は、派遣と請負の就労形態の区別がシステム開発の現場では曖昧になりがちであることを象徴している。派遣と請負は、勤務先の企業の指揮系統に入っているかどうかによって区別され、派遣の場合は顧客企業の社員の指示を受けて働くが、請負契約の場合は、顧客企業の指揮系統には入ら

ず、最終製品またはサービスに対して対価が支払われる。しかし、実際のシステム開発の現場では、顧客企業の担当者と海外の委託企業のエンジニアの間で対面で密接に連絡を取り合って開発を進める場合が多く、請負契約であっても、他社の指揮系統に入って、直接、相手の指示を受けたり、相手と相談しながら働くという状況も発生するため、大手インドIT企業の人事担当者はそうした働かせ方を「グレーゾーン」とよんでいる。こうした就労形態は違法であるが、企業によってコンプライアンス意識に差があり、グレーゾーンを許容する企業も存在する。第2章では、インド企業のエンジニアたちがこうした日本の顧客企業の職場の中のグレーゾーンをどのように認識しているのかをいくつかの事例から分析する。

　顧客企業とシステム開発の海外委託企業の間の非対称的な関係性は、日本にのみ見られるものではなく、先進国の顧客企業とインドの委託企業との間には上流工程、下流工程の境界線が引かれ、そこにはさまざまなせめぎあいがあることが報告されている（Aneesh 2006; Sahay, et al. 2003; Upadhya 2006, 2008, 2009; Metiu 2006; Xiang 2007）。たとえば、Metiu（2006）は、アメリカをベースとするエンジニアたちとインドの開発センターのエンジニアたちとの間の境界線を分析し、アメリカのエンジニアたち（ハイステイタスグループ）が上流工程の仕事を維持するために、インドIT企業のエンジニアたちを排除する状況を分析している。

　本書の第2章では、インドIT企業のエンジニアの職場が具体的にどのようなものなのかエンジニアたちの職場の座席表と彼らの声を通じて分析し、彼らが顧客企業先の職場で感じる管理、統制、そして職場の境界線とはどのようなものなのかを明らかにする。

ブリッジ人材の仲介

　第2章の後半では、さらにこうした職場環境の問題を踏まえつつ、顧客企業とインドのオフショア開発センターをつなぐ連絡役のエンジニアたち（ブリッジエンジニア）の仲介実践について分析する。前述のブルックスの『人月の神話』の7章の「バベルの塔はなぜ失敗に終わったか」では、システム開発のプロジェクトを成功させる他の条件がすべてそろっていたとしても、組織におけるコミュニケーションの欠如によりプロジェクトが失敗に終わる危険性が取り上げられているが、コミュニケーションの問題は、二つの組織が国境を越えて協働する場合に、とりわけ大きな問題となりえる。第2章では、日本とインドの二つの組織間のコミュニケーションの橋渡しを担当するブリッジエンジニアの仕事を通じて、組織間の情報の橋渡しをする人々の役割と困難点を分析する。

　ソフトウェア業界に限らず、海外進出やオフショア開発を進める企業では、日本と海外拠点とをつなぐ人材、「ブリッジ人材」に対する期待は大きい。「ブリッジ人材」とは、「特定の2か国のいずれかまたは両方に一定程度長期にわたり生活の拠点を置き、その2か国の間のコミュニケーション等の橋渡しをするような働き方をする」人材と定義され（塚﨑 2013: 29-30）、2国間の経済活動を円滑に進める能力を備えたブリッジ人材の育成と定着が期待されている（上林 2017）。とりわけ日本と海外企業とのシステム開発の橋渡しを行うブリッジエンジニアは、ブリッジ人材の代表的な職種の一つであると言え、IT業界におけるブリッジ人材に対する期待は大きい。

　日本の企業がオフショア開発を行う際、もっとも懸念される要素の一つとしてコミュニケーションがあげられていることから

（総務省 2007: 19）、ブリッジエンジニアは企業間のコミュニケーションの橋渡しをする存在として期待されており、その必要性について、本書でインタビューをしたブリッジエンジニアの一人は以下のように説明する。

　　（以前は）電話会議で大きな問題を抱えていました。お互いの顔が見えないからです。日本のお客さんは私たちと顔を合わせて交渉したがるのです。お客さんは図を見て、対面でコミュニケーションがしたいんです。対面だと信頼関係を作りやすいので、問題を解決できます。メールや国際電話ではそれは無理です。お客さんは納得しない。相手はタフな交渉相手だから（原文英語）。

　ここで注意すべき点は上記のコメントにあるように、ブリッジエンジニアの役割は、単なる情報の橋渡しや通訳ではなく、交渉役でもあるという点である。地理的に離れた企業間の橋渡しをするためには、企業内の特殊な知識を可視化し、転移することが求められ（Dibbern, et al. 2008; Lam 1997; Szulanski 1996; Leonardi & Bailey 2008; 吉田 2015）[14]、システム開発の場合、組織間の開発スタイルの差異や組織の意見の違いを理解し、プロジェクトに問題が発生しないように調整することが必要になる（Gregory, et al. 2009; Sahay, et al. 2003; Mahnke, et al. 2008）。

　インドのIT企業の欧米企業向けのシステム開発では、顧客企業側から提示された詳細の仕様をベースに、工程の順番に沿って開発を行うことを前提とするが、日本のシステム開発では、顧客企業の提示する仕様が曖昧で、途中で仕様の変更や追加が起きることも珍しくない。このため、作業工程の途中で、前の工程に戻る「手戻り」が発生し、開発チームの作業の負荷が高まることか

ら、オフショア側の不満の種となる（戎谷　2014）。こうしたことから、ブリッジエンジニアは、顧客企業から聞き取った情報をインド側に正確に伝達し、インド側の理解を確認すること、そしてインド側の開発の進捗状況を顧客企業側に可視化することも重要な役割となっており、インドIT企業にとっては、ブリッジエンジニアは、プロジェクトの問題を回避する「リスクヘッジ」とも見なされている（NASSCOM & PricewaterhouseCoopers 2008）。第2章の分析ではブリッジエンジニアたちが顧客企業の担当者、そしてインドの開発センターとの関係性をふまえて、仲介活動を行ううえでのさまざまな工夫を明らかにする。

仲介の二重性

　本書におけるブリッジエンジニアの「仲介」活動は、狭義の意味では職場における顧客企業とインドチームとの差異を埋め、つなぐ活動を指すが、広義の意味では、異なる社会的な背景をもつグループ間をつなぎ、問題があれば仲介することを指す。

　文化人類学において、異なる社会的なグループをつなぐ、「文化の仲介」に最初に光を当てたのは政治人類学者のWolf（1956）である。文化の仲介、2国間をつなぐブリッジ人材、文化の懸け橋といった言葉からは、二つの異なるグループの差異をつなぎ、問題を解決するというポジティブなイメージを思い浮かべることが多いのではないかと考える。しかし、Wolfはメキシコにおける国家と地域コミュニティーとの関係性の分析において、地域出身の国家志向のグループと農村コミュニティー志向のグループとをつなぐ文化の仲介者に光を当て、その役割の難しさ、脆弱性、二重性を次のように分析している。

文化の仲介者たちは二つの方向にヤヌス神（双面神）のように同時に向き合う。仲介者は、コミュニティー志向と国家志向の双方のグループの利益に貢献すると同時に、双方の利益の不一致によって生じる衝突に対処しなければならない（Wolf 1956: 1076）。

　Wolf は、仲介者の立場に内在する不安定さに光を当てており、仲介者が二つのグループの間をつなごうとする際、自分自身が二重の立場に身を置くことから、片方の支援を失うリスクをもっていると述べている[15]。政治人類学の分野で Wolf が指摘したような仲介者の立場のせめぎあい、二重性、曖昧さに関しては、近年の研究ではあまり光があてられておらず、この分野の研究の必要性が指摘されている（Meehan & Plonski 2017）。この点を踏まえて第 2 章ではベテランのブリッジエンジニアたちが作成した引継ぎメモを通じて、こうした二重性、ジレンマを分析する。ブリッジエンジニアは、日本の顧客企業先でプロジェクト期間働き、顧客企業の担当者と近接して仕事をすることによって、チームとして相手の役に立ちたいという気持ちをもつ一方で、インド IT 企業の社員として、自社の事情を踏まえた行動をとらなければならず、Wolf が述べたような仲介の立場における不安定さがみられる。第 2 章ではブリッジエンジニアたちが二つの組織の間で「バランスを取る」ためにどのような点に注意をしているのかを明らかにする。

　人類学における「文化の仲介」の研究は、政治人類学の分野だけでなく、ビジネス、教育、看護、ツーリズムなどさまざまな分野に広がりを見せており、異なる背景をもったグループをつなぐ役割として移民や移民家族によるホスト社会との仲介を分析した研究（Massey & Sánchez 2010; Rumbaut & Portes 2001; Orellana et al.

2003; Orellana 2009; Katz 2014; Tse 1995, 1996)、移民と医療機関など公的サービスとをつなぐ仲介にも光が当てられている（Lindsay, et al. 2014; Willis 1999; Bischoff 2003; Angelelli 2004）。こうした分析は、仲介が社会的マイノリティーの孤立を防ぎ、彼らを社会とつなげるうえで非常に重要な役割を果たしていることを明らかにしており、地域と外国住民とをつなぐ実践として示唆に富んでいる。本書では、移動する外国人と地域とをつなぐ役割を果たす仲介者として、第3章でインド人IT企業出身（元ブリッジエンジニア）のヨゲンドラの実践を分析することで、職場でのブリッジエンジニアたちの仲介、生活における仲介の両面を明らかにする。

仲介者の学び

　第2章のブリッジエンジニアの仲介活動を分析するうえで重要なもう一つの概念は、ブリッジエンジニアたちがいかに仲介を学び、それを新しいエンジニアたちに伝えていくのかという点である。国境を越えた組織をつなぐブリッジエンジニアは、高い言語コミュニケーションスキルをもった人材として捉えられることが多いが、彼らの仕事はこれまで見てきたように、組織の非対称的な関係性、職場の境界線の中で行われる社会的な実践でもあり、情報は現場の文脈と深く連動している。従ってブリッジ人材の育成を考える際、彼らの学びは、文脈から切り離したコミュニケーションの「スキル」としてだけ捉えるのではなく、社会的な関係性の中で分析することが求められる（Vygotsky 1980; Heath 1983; Lave 1988; Lave & Wenger 1991; Scribner & Cole 1981）。

　ニューカマーの職能集団における学びを社会参加のプロセスとして分析するうえで、Lave & Wenger（1991）の状況学習論が参考になる。Lave & Wenger は、伝統的な職能集団における徒弟

制度の分析において、新参者（ニューカマー）が周辺的な参加者として職能集団に参加し、他者や環境との関係を築きながら、学びを深めていく過程を明らかにしており、学びが社会集団への参加と職場環境の中に埋め込まれ、文脈から切り離すことができないものであることを明らかにしている。同時に、新参者が組織の境界線に阻まれ、資源へのアクセスを遮断される場合、参加を通じた学びから疎外されることにも言及し、学びが、主体と社会構造のせめぎあいの中で生み出されていく相互作用であり、そこには緊張関係も内在していることも示唆している（Lave & Wenger 1991; Lave & McDermott 2002）。第 2 章のエンジニアの職場の座席表や引継ぎメモの分析では、エンジニアたちが職場の制約の中でどのようなことを学んでいくのかを彼らの失敗体験の分析を通じて明らかにする。

　エンジニアの多くは、日本語教育を受けて来日するが、来日当初からビジネスレベルでの日本語のコミュニケーションは難しいため、自分のもてるリソースを組み合わせ（日本語、英語、図解、ジェスチャー、翻訳チームなど）仲介実践を行う。それは社会的な制約の中で、労働者がもてるものを組み合わせながら自分の居場所を作る「ブリコラージュ」（Lévi-Straus 1966）として、そして他者のテリトリーの中で自分なりの空間を創造していく小さな戦術としてとらえることができる（村田 2009）。

　「ブリコラージュ」（Lévi-Strauss 1966）とは、自分が手元に持っている材料や道具を寄せ集め、その場の状況に応じ必要なものを作り出すことを指す。この用語は、人類学、カルチュラルスタディーズ、哲学などにおいて、既存の枠組みから取ってきた借り物の素材を使って新しいものを作り出す行為を表現する言葉として広く用いられてきた。「ブリコラージュ」は決して特殊な行為ではなく、日常生活において人々が与えられた環境の制約を受け

ながらも、持てる素材や道具をかき集め、それらを駆使して、自分なりのスペースを作りだしていく、日常の小さな、しかし創造的な実践を指して用いられる。ブリッジエンジニアのように、日本の企業の職場環境に入り、顧客企業の担当者との関係性の中で業務を遂行していく人々は、高い日本語力と企業内の特殊知識を学習することを求められるが、そうした職場の規範の中で制約を受けつつも、それによってがんじがらめに縛られながら生きているわけでは必ずしもない。彼らはコミュニケーションを達成するために、環境の中で利用しうるリソースを組み合わせていく。De Certeau（1984）は「ブリコラージュ」の概念を発展させ、それを支配的な社会構造に対抗する人々の日常における「戦術」と捉えている。たとえば人々は都市空間において、土地区画などすでに決められたものの中を歩かなければならない。しかしそのような決められた空間の中でもどのような方法でそれらの道を通るのかという実践は、既成の社会構造によって完全に決定されるものではない。そこには人々の日常生活における創造的な実践の余地が残されている。とはいうものの、De Certeau は同時にそのような「戦術」は、他人の作った空間、他者に押しつけられた空間で行わなければならない行為であるとも述べ、それが次の瞬間には消え去ってしまうような一瞬の創造の場であるとも指摘している。このような他者の作り上げた社会構造に位置付けられた人々の創造的な実践は、ブリッジエンジニアの仲介活動においても見られるものである。第2章では、ベテランのブリッジエンジニアたちの引継ぎメモを通じて、こうしたブリッジエンジニアたちが他者のテリトリーで仲介を行っていくうえでの小さな戦略について明らかにしていく。

生活における仲介と多文化共生

　本書の第3章では、労働の世界から視点を移し、エンジニアの地域の生活における仲介活動を分析する。スイスの小説家、Max Frisch が述べたように、外国人を労働力として呼んだつもりでもそこに来るのは人であり（Seiler 1965）、エンジニアたちの国際移動と就労のインパクトは地域住民との接点にも見られる。プロジェクト単位で働くエンジニアたちとその家族は、比較的短期間での移動が多いため、地域の基本的なルールの周知が難しく、地域の人々との関わりも希薄になりがちである。

　地域社会に住む生活者としての外国人の数は、2018年には270万人を超え過去最高を更新しており（法務省 2018）、2019年度からは新在留資格（「特定技能」）が設けられ、5年間で最大35万人程度の外国人労働者の受け入れが見込まれるなど、受け入れがさらに拡大していくことが予想される。職場だけでなく地域において暮らす外国人の増加も見込まれており、多様な背景をもつ住民が居心地よく暮らせる環境作りが必要となっているが、地域コミュニティーでは言葉の通じない外国人に対する抵抗感をもつ人々も少なくなく（労働政策研究・研修機構 2016）[16]、ゴミや騒音問題など、言語や文化・習慣の違いが原因となって、地域住民とのさまざまな摩擦も起こっており（加賀美 2013; 大島 2019; 安田 2019）、生活空間において、異なる社会文化的な背景をもったグループが差異を乗り越えてつながるための取り組みが求められている。

　自治体では地域に住む外国人の受け入れ体制が徐々に整備されてきているが、自治体の多文化共生の施策の多くは外国人住民の「支援」に重点を置きがちで、外国人住民を地域コミュニティーの中の「弱者」として扱う傾向があり、今後、ますます社会の多

様化が進む中で、多様な背景をもつ外国住民のもつパワーや可能性を認識し、彼らの力を引き出して、コミュニティーへの貢献につなげることが求められている（毛受 2016）。そうした取り組みとして注目されるのが、外国コミュニティー出身のキーパーソンとの協働である（キーパーソンとはフォーマル、インフォーマルを問わずコミュニティーの世話役・リーダー的役割を担う人々を指す）。

　自治体における先進的な外国コミュニティー出身者との協働の例として、外国人住民への講習会、出身国紹介の活動などが報告されている（総務省 2017；幕田 2016）。しかし、こうした取り組みでは、協働活動の概要が取り上げられているものの、実際に外国コミュニティー出身者がどのような役割を果たしているのか、さらなる研究が求められており、仲介者の実践を具体的に分析したうえで、その役割の意味を考えていく必要がある。

　キーパーソンが地域の多様な住民同士の話し合いや交流の場において住民間をつなぐためには、通訳を含めた橋渡しが必要となるが、そうした実践の分析の参考になるのが、「コミュニティー通訳」の役割である。「コミュニティー通訳」は、地域に住む外国人が司法、行政、医療サービスなどを円滑に利用するための橋渡し役を担うが（水野 2018）、言語の通訳とともに、状況に応じて文化的な情報を補足して伝えるなどの支援も行っている。こうした外国住民の背景を踏まえた橋渡しは、地域の外国コミュニティー出身のキーパーソンが、外国住民と地域住民とをつなぐ活動においても見られるのではないかと考えられるが、具体的な分析はまだこれからの分野である。

　第3章では、こうした点を踏まえて、インド人ITエンジニアとその家族が多く住む、東京都江戸川区におけるインドコミュニティーのキーパーソンによる地域住民とインド住民とをつなぐ活動の具体的な内容を分析する[17]。本章の分析の中心となるの

が、インド IT 企業出身で日本での在住期間が長く、インド人コミュニティーと地域の人々とをつなぐキーパーソンとして、地域の街づくりに貢献してきたプラニク・ヨゲンドラ（通称よぎ）で、本章では 2010 年の UR 住民の集会の住民間におけるインタラクションのデータを分析し、当時のよぎがどのように仲介活動を行ってきたのかを明らかにする。そして、第 3 章の後半では、よぎが 2019 年に江戸川区の区議会議員として初当選するまでのほぼ 10 年間にどのように仲介活動を広げていったのかを分析する。

大学における人材育成──多文化共生に向けた仲介者

　最終章では、本書の意義をまとめ、多文化共生のための仲介人材の育成について検討する。政府は高度人材の予備軍として、優秀な留学生の受け入れ拡大を国家の成長戦略の一環として位置付けており、2008 年に打ち出された留学生 30 万人計画では、当時 12 万人であった留学生を 30 万人まで増やす計画が打ち出され 2017 年にはすでに達成されており、今後、さらなる受け入れの拡大が目指されている。政府や経済界は、「高度人材の卵」としての優秀な留学生の受け入れとともに、卒業した学生の「諸外国との架け橋人材」としての価値、2 国間の事業を促進するブリッジ人材の活用に期待を寄せており（文部科学省　2018）、大学における人材育成は、こうした労働世界のニーズに対応していくことが求められている。

　しかし、大学における人材育成は、職業世界とのトランジションだけを目標とするものではない。外国人の増加により多様化が進む学校、地域、職場において、学生たちが多様な背景をもつ人々と「つながる」こと、そして「協働する」経験を積み、ともに社会を構築していく姿勢を身につけることが大切であると同時

に、異なる背景をもつ人々を「つなげる」ことができる人材を育成することが、社会の多様化と分断が進む中で、多文化共生に向けた取り組みとして非常に重要となっている。こうした視点から、最終章では本書での知見と関連付けて、社会を「つなぐ」人材の育成について検討する。

調査方法

　本書のベースとなっているのは、筆者の博士論文（Brokering Culture and Labor: An Anthropological Analysis of IT Offshore Labor between Japan and India, Murata 2011）のフィールドワークである。博士論文に関連する調査は、予備調査を含めて 2008 年 3 月から 2011 年 2 月までの約 3 年間行った。調査では、インド IT 企業 11 社を訪問し、そのうち 4 社を定期的に訪問し、インタビューと業務の観察を行った[18]。調査では合計 102 名の IT 企業関係者にインタビューを実施した（インド IT 企業のエンジニアに加え、インド企業の経営幹部、営業担当者、マーケティング担当者、人事担当者、バックオフィスのスタッフ、通訳、日本の顧客企業関係者等）。エンジニアたちのインタビューは、1 時間半から 2 時間程度で、状況が許せば定期的に会って話を聞き、家庭の訪問調査も行った（江戸川区葛西近辺、千葉県行徳周辺に在住するエンジニアとその家族の家庭訪問）。インタビューのトピックは、彼らの背景、来日の経緯、職場環境、業務内容、言語学習や資格取得、将来の希望などである。本書では、企業名、調査協力者の名前はすべて仮名にしている（江戸川区議会議員のヨゲンドラのみ実名）。プロジェクトの情報に関しては企業情報に関係し、調査協力者からの要望もあったため、本書では示していない。インドの IT 企業の日本における取引先は、日系企業だけでなく外資系企業も多く含まれるが、本書

の調査目的は、日本の企業での外国人エンジニアの職場経験を分析することであったため、外資系企業で働くエンジニアは分析の対象としなかった。

　日本でのフィールドワークに加えて、インドで1か月半のフィールドワークを行い、プネ、ムンバイでインドIT企業のオフショア開発センターを訪問し、開発センター内の環境を観察するとともに、日本で就労した経験のあるエンジニア、プロジェクトマネージャー、人事関係者、経営幹部、日本語の翻訳通訳担当者などにインタビューを行った。また、日本からインドに帰国したエンジニアたちの家庭でのホームステイを通じて彼らの帰国後の暮らしぶりと変化を学んだ。

　このテーマを博士論文の調査に選んだ理由は、筆者の背景と関係しており、筆者自身、国際移動が多く、海外と日本とを行ったり来たりしながら働いた経験をもつことから、国際移動の多いインドIT企業のエンジニアたちの移動を通じたキャリア構築に興味を感じた。また、調査当時、筆者はインドIT企業関係者が多く住む地域に住んでいたため、定期的にエンジニアや家族の訪問が可能であったこともこのテーマを選んだ理由の一つである。インドIT企業のエンジニアたちから見ると、筆者は調査当時、「異文化間のコミュニケーションの研究をしている大学院生」であり、また「言語の先生」として捉えられていた。調査中、エンジニアたちから転職活動用の日本語の履歴書のチェックを頼まれたり、語学の勉強方法のアドバイス（N1取得準備）、日本での大学院進学のアドバイスなどを求められることも少なくなかった。エンジニアたちから定期的に職場環境、仕事の状況、将来に対する夢や現状の不安を聞くとき、筆者自身の移動と就労の経験と重ね合わせ、共感したことも少なくなかった。また、自己の市場価値を頻繁にチェックし、絶え間なく新しい技術や言語の資格取得に

励み、キャリアアップを目指すインドのエンジニアたちのエネルギーに圧倒されることもあった。リーマンショック後の不況時に突然解雇になり、帰国するというエンジニアの言葉の中に、未来を信じる気持ち、レジリエンス（折れない柔軟な心）を強く感じ、逆に就活中の筆者が勇気づけられることもあった。エンジニアたちから学んだこと、移動し、働き、多様な人々をつなぐことの重要性を大学における人材教育に生かしていきたいと考える。

　調査にご協力くださった関係者の皆様に深く感謝の意を表したい。

1　1988年の第六次雇用対策基本計画で単純労働に従事する外国人の就労は認めない反面、技術・技能者の導入枠は広げるという方針が出された。
2　安倍内閣による成長戦略大綱『日本再興戦略』（2013）参照。
3　前述した「高度専門職」の在留資格に関しても、ハイエンドな人材の招致策のインパクトはまだ限定的であると指摘されている（倉田・松下 2018）。
4　高度人材受入推進会議の報告書では「基幹人材としての外国人が十分に登用されていない」という記述はあるものの、その最大の要因は日本の活力、魅力の不足とされており、現状の雇用形態に関する記述は註釈に記されるにとどまっている（2009: 2）。
5　IIT は Indian Institutes of Technology、IIM は Indian Institutes of Management の略
6　西暦2000年であることをコンピュータが正常に認識できなくなるとされた問題。
7　人材派遣会社とIT企業の違いは、前者が人材派遣専門であるのに対し、後者がインドにオフショア開発センターを持っている点にある。
8　2018年のインドIT関連産業の売り上げは1,670億ドルにのぼり、2000年に比べて約20倍。
9　インドの日本へのIT関連サービスの輸出は全体の輸出額の1％以下である（武鑓 2019）。
10　これ以外にインドにある日本企業の現地法人、あるいは日印合弁企業で雇用されているエンジニアが、日本側の関係企業で就労するケース、多国籍企

業がインドからエンジニアを送り込むケースなどがあげられる。

11 王（2005：104）は一部の中国系ソフトウェアハウスで日本の労働基準法などが遵守されていないと指摘している。

12 スピーチの詳細は動画参照：Yogendra Puranik 'Yogi' speech at 47th International Speech Contest Yamaguchi Japan on 27-May-2006, https://www.youtube.com/watch?v=3mahOlOVevY（2019.07.01 アクセス）

13 ヨゲンドラのスピーチの中で指摘されている労働者の多重派遣は法律で禁止されているが、多重下請け構造は依然として残っている。

14 吉田（2015）は企業内で暗黙知が生まれる原因として、開発における頻繁な仕様変更、高機能化、短期開発、費用削減などのプレッシャーをあげ、担当者が開発途中に発生した問題や改善内容を資料に記録せず、同じ担当者が開発を担当することなどをあげている。

15 この点は Geertz（1960）によっても指摘されており、Geertz は国家志向と伝統志向のグループをつなぐ仲介者の役割の二重性・脆弱性を分析している。

16 職場や接客サービスにおける外国人への抵抗感よりも、隣近所に外国人住民が増えることに対する抵抗感、家族が外国籍の相手と結婚することに対する抵抗感が強いという結果になっている。

17 法務省在留外国人統計（旧登録外国人統計）2018 年 12 月 1 日発表。インド人の在住者の総数は 35,419 人で、高度専門職が 500 人、経営・管理 396 人、技術・人文知識・国際業務が 7,753 人、企業内転勤が 1,300 人となっている。

18 調査した企業のうち 4 社は従業員 1 万人以上の大手企業。

第1章

エンジニアの国際移動と循環労働

　インド IT 企業に所属するエンジニア、Rakesh、Uday、Sandeep の来日の経緯は以下のとおりである。

　Rakesh（20代後半）は、プネの大学を卒業後、ソフトウェア関連の小さい企業に就職し、海外行きのチャンスを待っていた。日本の銀行の仕事のオファーをもらった時 Rakesh は最初は非常に驚き、すぐに家族に相談した。彼の兄やエンジニアの友人の多くは、アメリカでのシステム開発のプロジェクトに従事しており、自分だけ日本に行くなど考えてもいなかったからだ。

　「インドのエンジニアの多くは、アメリカに行きたい。お金が稼げるし、英語が通じるし、現地で転職の可能性もある」と Rakesh は述べる。しかし、彼は結局これも海外行きのチャンスだと思い直し、日本のプロジェクトにつくことにした。現在、Rakesh は日本の銀行のプロジェクトで働いており、日本語も上達し、日本での生活は自分に合っていると考えるようになってきた。交通網の発達した東京での生活の便利さを楽しんでおり、若いうちはできるかぎり日本で働きたいと考えている。Rakesh は日本で貯金したお金でインドで不動産を購入しており、「30前に自分のアパートをもてるなんて父の時代には想像もできなかった

だろう」と嬉しそうに話す。

　Uday（30代前半）の場合は、Rakeshとは異なり、日本行きのオファーをもらうと迷わず受けた。Udayはインドのタミル・ナードゥ州の工学系大学を卒業後、小さい企業で経験を積みながら、ずっと海外での仕事をしたいと希望していたが、なかなかチャンスが回ってこず、日本行きの話は彼にとっては大きなチャンスだった。しかし、この仕事には日本語能力が求められており、会社から日本語ができるかと聞かれ、ついできると答えてしまった。Udayはこのオファーをもらってから大慌てで日本語の勉強を始めたが、結局、日本の企業との電話インタビューで日本語ができないことが発覚してしまい、最初にオファーされた給与の半額で研修生扱いで来日することになった。Udayは当時を振り返って、最初の会社での待遇は悪かったが、それでも海外プロジェクトにつけたことは自分のキャリアにとって大きな転機だったと述べる。Udayは日本でのキャリア構築において、日本語力の高さが非常に重要な意味をもつことを知り、その後努力して日本語力を高めた結果、日本企業への転職に成功し、年収も年々あがっていった。

　Sandeep（20代中盤）の場合は、日本に行くことをインドにいたときから準備していた。Sandeepはインドの大手IT企業の社員で、入社して研修を受けた後、すぐに日本向けのプロジェクトチームに配属され、来日の準備をしてきた。Sandeepの同じチームには60名のエンジニアが働いており、全員、日本語の集中研修を3か月受け、日本の企業に派遣されても働けるように準備している。しかし、その中で実際に日本に派遣されるエンジニアの人数は限られており、Sandeepのチームでは5名しか行くことができない。Sandeepは配属されて1年ほどして、日本でのオンサ

イトの仕事に選ばれたとき、自分の努力が報われたように感じた。

　Rakesh、Uday、Sandeep はそれぞれ異なるルートを通じて来日し、日本で就労しているが、彼らに共通しているのは、インドIT 企業、IT 系人材派遣会社に所属し、そこから日本の顧客企業に送られてくることである。本章ではエンジニアたちがインドでどのように選ばれて来日し、日本の顧客企業先までどのように「供給」されていくのか、そして帰国後にどのように変化していくのか、エンジニアたちの国際移動と人材供給システムの全体の流れを具体的に見ていく。

インドにおけるエンジニアたちの選抜

　インドソフトウェア産業は前述したとおり豊富なエンジニアを擁していることで知られており、工学系の大学からは毎年 150 万人ともいわれる膨大な数の卒業生が輩出され、その中から IT 関連の仕事に就く人々が選ばれていく。インド国内での豊富な工学系人材の供給に対して、IT 関連の仕事の数が追いついておらず、エンジニアの仕事に就くための競争は激しい[1]。

　筆者がインドで訪問した大手のソフトウェア企業においても、

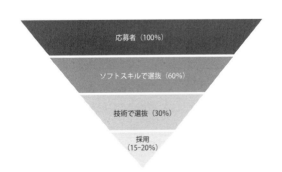

応募者（100%）

ソフトスキルで選抜（60%）

技術で選抜（30%）

採用
（15-20%）

図 1-1　エンジニアの選抜プロセス

新卒採用では、工学系のトップ大学でのキャンパスインタビューに重点を置いているため、学歴フィルターがかかり、名の通っていない大学の学生は新卒では選ばれにくい状況であった。このため、有名大学以外の応募者は、まず小規模な会社から仕事をはじめ、Rakesh のようにある程度経験を積んで、インド内での転職や海外行きのチャンスを待つことが必要になる。

　調査した大手インド IT 企業でのエンジニアの選抜プロセスは図 1-1 のとおりで、応募者はまず一次審査で学歴とソフトスキル（コミュニケーションや企業文化への適応性）によって選別され、二次審査では技術力を問う面談が行われた後、応募者が 30％にまで絞られる。審査を経て、最終的には応募者の 15％から 20％が採用される。

コミュニケーションスキルの重視

　新卒の選抜においては、IT 関連の職務経験が問えないため、工学系大学の学歴によるフィルタリングとソフトスキル（コミュニケーション力）が重視される。表 1-1 はこの企業による新卒、中途採用による審査の違いを示しており、表の言語テストとは英語でのビジネスコミュニケーション力を測るテストを指す。インド IT 企業は欧米の顧客企業向けのオフショア開発プロジェクトが主流であるため、高い英語力（英語での電話会議、現地での仕事に対応できるような英語の明確な発音とアクセント、円滑なコミュニケーション力等）が測られる。

　エンジニアの英語力は、個人の学習努力だけでなく生活環境や学校教育によっても影響を受ける。英語を教育言語として使用する学校と、地域語を使用する学校の間では英語力に格差が生まれやすく、学校の選択には階級的な差異も含まれる（Faust & Nagar

表 1-1　経験別の採用方法

	新卒	経験 1 ～ 3 年	中途採用
適性テスト	○	○	
言語テスト	○	○	
技術		○	
面接		○	○
最終面接	○	○	○

2001)。筆者がインタビューしたほとんどのエンジニアは、学校教育は英語で受けていたが、中には中等教育を現地語で受けていた者もおり、そうしたエンジニアは大学での英語での専門教育に最初は非常に苦労したと述べている。

　インド IT 企業の人事関係者は、エンジニアの採用は完全な「能力主義」で、インド IT 企業はあらゆるバックグラウンドの人々に開かれていると強調するが、Upadhya & Vasavi（2006）、Krishna & Brihmadesam（2006）は、ソフトウェアエンジニアの多くは中産階級の都市部の出身者で、両親の職業は政府か民間の経営関連の仕事、あるいは専門職である場合が多く、地域による教育水準、両親の学歴との関連性を指摘している。筆者のインタビューしたエンジニアのデータにおいても、両親のどちらかが大卒の割合が 82% と高かった。

　就職したエンジニアたちは、すぐにプロジェクトに配置されるとは限らず、社内で「待機組」となる場合もある。インド IT 企業は、序章でも述べたとおり、顧客企業のニーズに応じて大量のエンジニアのプールから必要なエンジニアを調達して開発を行う人海戦術を得意としており（Ilavarasan 2008）、待機システムはインドのソフトウェア産業の人材配給システムの柔軟性を維持するために必要とされている。Upadhya & Vasavi（2006: 46-47）の調

査では、全体の最大20％近くのエンジニアがプールで待機していると報告されており、筆者の調査においても現地の大手企業での待機者の割合は、全社員のうち18％で約5人に1人の割合で待機をしていた。インタビューした大手企業の人事担当者は、待機組の人々を「バッファ（緩和材）」とよび、企業が人員を削減する際、契約社員と同様に真っ先に待機組が解雇の対象、雇用の調整弁となると指摘する。

自己責任

　インドのソフトウェア産業における人材流動率（転職、解雇などによる離職）は高く、特に不況時には解雇と転職が隣り合わせとなる。好景気には離職率が25％近くまで上がり、よりよい待遇を求めて転職するエンジニアが少なくないが、景気が悪化すると解雇率も高くなる。筆者の調査した当時は、リーマンショック後の景気の悪化により、訪問したIT企業の従業員の約20％が解雇されており、不況時にはエンジニアたちの雇用が非常に不安定になる。インドのソフトウェア産業は労働組合が整っておらず、エンジニアたちは大量解雇に対してなすすべもないとIT企業の関係者が述べる。

　エンジニアの数を調整しやすいように、非正規雇用（契約社員）も多く、景気が悪化すると正社員の雇用が控えられ、非正規雇用の比率が上がる。訪問した企業では社員全体の10％から25％程度が、短期契約エンジニアで占められており、契約社員は限定雇用でハイリスクのため、正社員よりも給与が高いものの[2]、景気動向によって最初に解雇される対象となると人事担当者は説明する。

　インドのIT産業は、顧客企業の需要の変化に応じて、招集し

たり切り離したりできる伸縮性の高い人材を必要とするため、社員教育においても社員自身が自己のキャリアに責任をもって管理する能力（自己責任）が強調される（Aneesh 2006; Upadhya 2009; Upadhya & Vasavi 2006; Upadhya & Vasavi 2008; Xiang 2007）。筆者の調査においても、20代、30代のエンジニアの多くが流動性の高い労働市場において自己の価値を高め、不況時には生き残るための技術の学習に余念がなかった。

　エンジニアたちのキャリアップに対する意識は、インドIT企業の昇進システムとも連動している。調査した企業では、次のような昇進システムを取っており、エンジニアたちは2年ごとに昇進を目指す（ソフトウェアエンジニアから出発した場合は、10年以内にプロジェクトマネージャーになることを目指す）。このスキームのとおりに昇進しないエンジニアたちは、自分の将来を不安視し、転職して別の企業での待遇向上を目指す人々も少なくないと人事担当者は説明する。

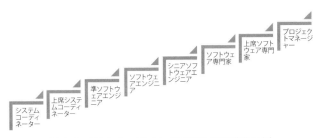

図1-2 ソフトウェアエンジニアの昇進構造の例

　昇進制度とともに、能力査定によるリストラも定期的に行われており、よりよい待遇を求めた転職ではなく、解雇によって会社を去っていくエンジニアたちも一定数いる。調査した企業では毎年従業員の一割をリストラすることで能力が低い人材を定期的に切り離しており、正社員といっても終身雇用は保証されていない。

日本に行く

　本章の冒頭で Sandeep が述べているように、企業内トレーニ
ングを受けた後、オフショア開発センターに配属されて仕事の経
験を積む新卒のエンジニアのうち、海外の顧客企業に派遣されて
働くことができるのは一部である。インドの IT 企業のオフショ
ア開発センターは北米、ヨーロッパ、日本などグローバルな規模
でビジネスを展開し、多様なプロジェクトが稼働しているため、
エンジニアたちは配属されたプロジェクトによって派遣される国
や地域が決まる。冒頭の Rakesh のようにアメリカのプロジェク
トを望んでいても、中東や日本向けなど、自分の第一希望ではな
い地域のプロジェクトに配置される場合もあり、配置先に関して
エンジニアにはある程度の柔軟性が求められる。

　筆者がインドで調査した大手インド IT 企業のオフショア開発
センターでは、日本企業向けのプロジェクトに約 300 人のエンジ
ニアが従事していたが、ここから日本の顧客企業に派遣され、エ
ンジニアとしてオンサイト（日本の開発現場）で働くことができる
人々は 30 人に過ぎず、多くのエンジニアが順番を待っていた。
こうしたことから Sandeep のように、チームの中から選ばれて
海外の顧客企業に派遣される人々は、自分が選ばれたことを誇り
に感じる。

　次の表は、調査したインド大手 IT 企業の日本向けのプロジェ
クトからどのぐらいの割合のエンジニアが日本に派遣されるかを
示している。海外での就労機会は、プロジェクトによって異なる
ものの、派遣の機会がすべてのエンジニアにあたえられるわけで
はないことがわかる。表では企業 A、B は半数近くのエンジニア
が日本に派遣されるが、企業 E、F では 1 割程度に過ぎない。

表 1-2　日本の顧客企業に派遣されるエンジニアの割合

顧客企業	派遣されるエンジニアの割合
企業 A	オフショアチームの 53%
企業 B	オフショアチームの 50%
企業 C	オフショアチームの 40%
企業 D	オフショアチームの 20%
企業 E	オフショアチームの 11%
企業 F	オフショアチームの 10%

　海外に行くことの意味について、日本でブリッジエンジニアとして働く Sandeep は次のように述べる。

　　もしあなたが（オンサイトの仕事で）海外に行くのなら、それはあなたがとても重要だということの証明です。少なくともそのプロジェクトにおいては 10 人のチームで一人だけが海外に行く場合、この人は優秀で重要な人になる。なぜならプロジェクトの重要な情報を一手に集めて、プロジェクトに戻ってくるから。つまり、誰よりも情報をもっている人になるということ。だからこそエンジニアはみなオンサイト（海外の顧客企業のところ）に行って学びたがる（原文英語）。

　日本へ派遣されるエンジニアは、プロジェクトに必要な業務知識、技術力などに加えて、日本語力が選考のファクターになる。特に、ブリッジエンジニアとして、日本の企業に常駐して顧客企業の担当者と綿密に連絡を取る必要のあるエンジニアの場合、日本語力の重要性は高まる。前述の Uday のように、日本の企業側でエンジニアを選ぶ際に、日本語を話すことができる人材をリク

エストすることが多い³。このため、日本向けのオフショア開発を行っているインドのIT企業は、エンジニアたちに対する日本語教育に力を入れており、インドで訪問し、調査した大手のインドIT企業においてもインドのオフショア開発センター内で教員が遠隔教育で日本語研修を行っていた。授業では教員が日本語学校とムンバイとプネにある二つのオフショア開発センターをオンラインでつないでエンジニアたちに日本語を指導していた。このプログラムでは、3か月間の授業を通じて日本での業務に必要な日本語コミュニケーション力の育成、IT関係の専門用語の習得、日本文化やビジネスエチケットの理解などが目標とされていたが、その学習時間は、目標を達成するためには十分なものとは言えなかった。表1-3の左側が一般的な日本語能力の目安を示したもので、右側がインドIT企業の日本語クラスの学習時間、学習項目を示したものである。

　表1-3の左欄に示したように、一般的に外国人の日本語力の目安として、JLPT（日本語能力試験）のN5からN1までの指標が参考にされており、ビジネスに用いる高度な日本語力としては、日本語能力試験N1合格レベル以上が基準と考えられている。N1レベルに到達するための学習時間の目安は900時間とされ、学習進度には個人差があるものの、一般的に相当な学習時間を要する。さらに、非漢字圏の学習者にとっては、漢字の習得が一般的に難しいとされており、インドITエンジニアがビジネスに必要な漢字語彙を習得するためにかなりの努力が求められる。

　これに対して調査したインドにおける日本語授業では日本語学習時間は160時間と少なく、ビジネスレベルの高度の日本語力の習得がうたわれているものの、実際には日本語能力試験のN5からN4相当の基本的な会話能力の育成が目指され、最低限のコミュニケーションが職場で取れるようになることが目標と

表1-3　一般的な日本語レベルとの比較

日本語能力の目安 （日本語能力試験新旧対照表参照[4]）	
初級前半終了 （N5）	学習時間：150 時間程度 基本文法、漢字 100 字 語彙 800 語 簡単な会話ができるレベル
初級修了レベル （N4）	学習時間：300 時間程度 基本文法、漢字 300 字 語彙 1500 語 日常会話、簡単な文章の読み書きができるレベル
中級中盤（N3）	学習時間：450 時間程度
中級後半（N2）	学習時間：600 時間程度
上級（N1）	学習時間：900 時間程度

エンジニアの日本語教育
学習時間：160 時間
基本文法
漢字 200 字
語彙 2,300 語（専門用語含む）

（N は日本語能力試験のレベルを示す。表では N3 ～ N1 の詳細は省略）

されている。こうした学習時間の制約は日本語教育にかかるコストと関係しており、企業は簡単には学習時間を増やすことができないことに起因している。また、企業がエンジニアの日本語教育に力を入れたとしても、せっかく育てたエンジニアたちが日本語の資格を武器に日本に派遣するとすぐ他社に転職してしまい、投資が回収できないという問題も研修担当者からあげられた[5]。

　このような事情から、実際にブリッジエンジニアとして日本に派遣されるエンジニアは、初めからビジネスレベルの高度な日本語を話せるわけではなく、プロジェクトのニーズに応じて、日本語、英語、図やイラストなどを組み合わせて仕事にあたり、職場で日本語力を高めていくことになる。

写真1-1　インドIT企業内に掲示されていた日本語学習プログラムのポスター

本章の最初のUdayの話では会社から連絡を受けた際に、日本語ができると嘘をついてしまい、結局は電話インタビューで嘘が発覚し、給与半額で採用になったという事例を紹介したが、Udayの例はこのような日本語を解する「バイリンガルエンジニア」に対する需要の高さ、待遇の違いを示している。

　上のポスターはオフショア開発センター内に張られていたもので、「日本では毎年60万人の移民を求めているのであなたのキャリアのために、日本語スキルを習得しましょう」と書かれており、日本語は日本で働くことを考えているエンジニアにとって、自己の市場価値を高める資格という側面をもっていることを示している。

インドIT企業日本支店の苛立ち

　インド人ITエンジニアを日本に派遣するためには、まずインドIT企業と日本の顧客企業との間で商談がまとまっていなくてはならない。日本の企業がインドIT企業とのオフショアビジネスを始める際に、組織間の商習慣の違いや言語コミュニケーションなどに関して、不安に感じることも多い。そうしたことから、インドIT企業の日本支社、日本法人の営業担当者は、インドIT企業の強み、オフショア開発のメリットを顧客企業に伝え、組織間をつなぐ架け橋の役割を担う。

　インドIT企業の多くが1990年代に事務所を日本に開設して

おり、調査当時には50以上の企業が日本でビジネスを展開していた。現在も大手のインドIT企業であるタタ、インフォシス、ウィプロ、テックマヒンドラ、HCLをはじめ、さまざまなインド系IT企業が日本で事業を展開している。

　しかし、インドIT企業の主な取引先は北米企業であり、日本は開拓すべき市場として注目されているものの、日本のIT市場には十分に入り込めていない（NASSCOM & PricewaterhouseCoopers 2008）。インドIT企業の多くが日本ではインドIT企業の強みが十分に認識されていないと感じており、ビジネスが広がらない苛立ちは、インドの大手IT企業のホームページのメッセージにも見てとれる。

　　　日本でオフショア開発というと、プログラム開発など最下流の作業に海外の安い労働力を使うことで、コスト削減を狙うことと思われています。しかし、欧米でのオフショアの使い方は、最下流の工程だけではなく、上流工程から最適な人材を配置することが当たり前になってきています。日本は特別だという意識を捨てない限り、グローバル競争に勝ち抜くことはできません。（中略）なぜ日本では、欧米のようなオフショアの使い方ができないのでしょうか？（インド大手IT企業のテックマヒンドラの2010年のホームページから[6]（原文英語））

　インタビューしたインドIT企業日本支店の代表のPradeepも、こうしたフラストレーションを感じている一人であり、「日本側はいつもコスト」と嘆く。Pradeepは自社の会議室のホワイトボードに自社の強みと顧客企業の要望を書き出しながら説明する（表1-4）。まず自社の強みとして、グローバルビジネス、技術

力、エンジニア数、そしてコストをあげる。次に日本の顧客企業の関心事として一番上に「コスト」を書きこみ、そこに下線を引く。そしてその下に顧客企業が不安がっている点として「コミュニケーション」と書き、そこにも下線を引く。

表1-4　インドIT企業の日本支部の幹部Pradeepによる板書
（原文は英語）

自社の強み	顧客企業の視点
＜メリット＞ ・グローバルビジネス ・技術力 ・豊富な技術者 ・コスト	＜顧客企業にとってのメリット＞ ・コスト ・豊富な技術者 ・技術力 ・グローバルビジネス ＜顧客の不安＞ ・コミュニケーション ・納期 ・品質

Pradeepは次のように続ける。

　　日本の大企業はオフショアリングをやらないといけないという気持ちはある。（中略）全部日本の社員にするとコストメリットはない。だけど社長の戦略と現場は違う。社長はやりたいけど現場はやりたがらない。

Pradeepのコメントは、日本企業がインドIT企業など海外企業にシステム開発を委託する目的は基本的にコスト削減であり、安さが最も重視されるという点と、日本語を話す人材の少ない海外企業と仕事をする際のコミュニケーションが常に課題になっていることを示している。また、Pradeepの「社長はやりたいけど現場はやりたがらない」というコメントからは、インドIT企業

の関係者として、日本の企業に売り込みをかけると、上層部はコスト削減によい反応を示すが、現場で働く顧客企業側のエンジニアたちの反応がわるいことがうかがえる。

インドIT企業の営業担当者による「仲介」

インドIT企業の日本支店等で働く営業担当者たちは、こうした日本企業の人々と接し、インドIT企業のよさを日本の企業に知ってもらわなければならないわけであるが、彼らは具体的にどのような営業実践を行っているのだろうか。また現場の顧客企業側担当者の反応はどのようなものなのであろうか。双方の期待にギャップがあるとすれば、それはどのようなものなのだろうか。ここでは、大手インドIT企業でマーケティングと営業を担当する高田の活動を通じて、組織間をつなごうとする具体的な仲介活動とその難しさを分析する。

高田は、アメリカ系のIT企業の営業として長年働いてきた経歴をもち、数年前にインドIT企業の幹部に誘われてインドIT企業に転職した。インドIT企業に入った当時は、高田は内心「インドの会社なんて恥ずかしい」と思い、転職についてあまり人には言わないようにしていたが、仕事でインドに出張し、現地のIT産業の興隆を目の当たりにするうちに、自分のインドに対する認識が古いことに気付いたという。高田はインドIT企業に親しみをもつにつれて、日本企業にインドのIT企業の欧米での実績やグローバルな強みをもっとわかってほしい、インドのIT企業のよさをもっと伝えたい、という気持ちをもつようになり、自分の営業活動はインドビジネスの日本における「啓蒙活動」でもあると考えている。

以下、筆者が都内で高田とインド人営業の2名による営業活動

に同行した際の観察データを分析する。この日の高田たちのプレゼンテーションの相手は、大手メーカーの系列会社のIT部門の日本人エンジニアたちである。顧客企業を訪れ、会場に案内されると、そこには顧客企業側の部長と若手のエンジニアが10名ほど集まっていた。最初に部長が自社のエンジニアたちに向かってプレゼンテーションの目的を以下のように説明する。

　　今後インドと取引をするにあたって、インドがどんな文化をもっているのか、そしてどういうふうにインドと仕事をしていったらいいのか、うちの若手に知ってほしい、ということでこの会を設けました。

インドIT企業の高田は、自己紹介としてインド企業で働く「日本人」としての立場を強調しつつ、顧客企業のエンジニアたちに次のように挨拶する。

　　高田です。よろしくお願いします。（インドのよさを）インド人が言っても信用していただけないこともあるかと存じますので、日本人の目で紹介させていただきたいと思います。インドの紹介、そして円滑なコミュニケーションのためのヒントを紹介いたします。

高田はパワーポイントを使って、慣れた手順でインドの人口、地形、文化、言語などを簡潔に紹介した後、インドの強みをアピールする。まず、インドの科学技術教育のレベルの高さについて触れ、IITやIISといったインドの名門大学の卒業生たちが世界中で科学者やエンジニアとして活躍していること、インドは世界最大のオフショア開発国として発展し、欧米企業がインドに

競って IT 開発拠点を設けていることなどを説明する。さらに、インドが従来のような欧米の下請け的な立場から変化し、上流工程から一貫して開発に携わるケースも増えていることも紹介する。また、インドのインフラに対する顧客企業側の不安を軽減させるために、自社の開発センターの最新の設備、セキュリティ環境をスライドの写真で紹介していく。こうした説明を通じて、高田はインドとインド IT 企業の強み、発展を強調し、顧客企業側のパートナーとして十分に貢献できることをアピールする。加えて、高田は人間関係において、インド人は個人の信頼関係、上下関係を大切にすることをあげ、日本と共通する点が多く、顧客企業の要求に対して文化的になかなかノーとは言えないことなども説明する。

　高田の説明と対照的なのが高田の後にプレゼンテーションを行ったインド人の営業の Dharmesh である。Dharmesh はエンジニアとしてのバックグランドを生かして、インドの開発手法がグローバルスタンダードであることを調査報告書などを用いて説明し、日本のオフショア開発の使い方は、アメリカと比べて「プリミティブ（原始的）」であり、変えなければならないと説明する。

　　　　北米はアウトソーシングは、すごくできてるんですけど、日本の会社はプリミティブ（原始的）なステージにあります。

　高田は、Dharmesh の発言の途中にしばしば追加説明を入れ、聞き手（日本企業のエンジニアたち）が、Dharmesh の発言に気分を害さないように配慮する。たとえば、Dharmesh の上記の発言に対しては次のように補足している。

アウトソーシングがすべていいかという問題ももちろん検
　討すべきかと思いますし、日本企業独自のノウハウもありま
　すが、まあ、多少欧米企業がそういう流れにあるということ
　でご容赦いただきたいと思います。比較だということでご理
　解いただければと思います。

　Dharmeshと高田の発言を比べると、Dharmeshは「アウト
ソーシングが正しい」という前提でプレゼンテーションを進め
ているが、高田はまずその前提を聞き手（日本の顧客企業の現場
の担当者）と共有していないという考えから、「アウトソーシン
グがすべていいかという問題ももちろん検討すべきかと思いま
す」とDharmeshの表現を和らげて聞き手に伝えている。また
Dharmeshの「日本の会社はプリミティブ（原始的）なステージ
にあります。」というコメントについても、「日本企業独自のノウ
ハウもありますが」と和らげ、聞き手に対する配慮をしている。
　高田の補足説明はさまざまな形で行われており、そこには、
Dharmeshと聞き手である顧客企業の日本人エンジニアたちとの
差異を埋めるための工夫がみられる。Dharmeshは、日本の企業
の開発手法を批判して次のようなコメントを述べているが、こ
れに対して高田は右の補足説明を聞き手に対して行っている（表
1-5）。
　表で示したように高田は補足説明として、まず①では、イン
ドIT企業は、欧米流のオフショア開発の手法と、日本での開発
の手法が異なることを理解していることを示し、②では開発手
法を比較することはインド側だけでなく、顧客企業側にとって
も役に立つのではないかと相手にとってのメリットを述べてい
る。そして最後に、欧米流のアウトソーシングにも問題はある
と述べ、日本側の開発スタイルを否定することがないように配

表1-5　営業担当者の発言の比較

Dharmesh	高田
一般によく指摘されているような、仕様変更、日本側とインド側の役割分担のあいまいさ、契約にそういったことが明記されていないことなど、日本企業のオフショア開発の問題点は、直すべきです。	①今、Dharmesh がアメリカと日本のオフショア開発の手法の違いを比較した理由は、自分たちが欧米流のやり方で日本で展開することに苦労しており、日米のオフショア開発の違いに興味があったからです。 ②この調査はインド企業にとっても参考になるもので、日本の顧客にとってもインドとビジネスをするうえでこうした情報が役立つかもしれないという気持ちで説明しました。 ③もちろん全部アウトソーシングということで、欧米企業に問題がないわけじゃないし、日本企業がちゃんとノウハウをもってビジネスをされているわけですけれども。

慮している。

　この日の営業活動を通じて、インドIT企業の営業のDharmeshと聞き手である顧客側の日本人エンジニアたちとの間にはさまざまなギャップが観察され、それは営業の説明の後の質疑応答においても見られた。

　顧客企業側の若手のエンジニアたちは、Dharmeshのプレゼンテーションの内容に関してはほとんど質問せず、現場でのコミュニケーションの取り方や緊急のトラブルが発生した時の対応方法などに質問が集中し、「中国のベンダーなら緊急事態にも柔軟に対応してくれるが、そういったことができますか」といった質問が出された。またインド企業のオフショア開発センターの品質管理の具体的な方法に関しても懸念が示され、Dharmeshが伝えたかったこと（日本が欧米流の開発手法を学ぶべきだという主張）、そし

て顧客企業側の関心事（自分たちの現場が必要とする対応をインド側が柔軟にしてくれるのか）の間に大きなギャップがあることがうかがわれた。高田はこうした組織間のギャップを埋めるための仲介役として機能し、インド企業内でも営業担当者が一枚岩になれていないことは反省する必要があると述べると同時に、日本の顧客企業の現場のエンジニアの反応はわからなくもない、と述べる。

　（自分が）現場の立場だったら、オフショア（海外企業への開発の委託）はやらない。リスクが増える。新しい技術が入ってくると、自分の仕事がなくなる。なんで変わる必要がある？　そんな理由ない。長期的なメリットがあるとしても、それは若手にとってだけ。（中略）だから抵抗してやる。必死で自分のことを守って新しいことをしない。邪魔をして。退職するまでの一億と退職金2、3千万を死守してやる。だから10年から15年は必死で抵抗する人たちがいる。めんどくさい。いやでしょ。チャレンジして職を失いたくないよね。自分だって（彼らの立場だったら）いやだよ。

　高田はインドのIT企業のよさを理解している一方で、日本の企業の現場のエンジニアたちのこうした気持ちもよくわかると述べ、時にそのギャップの大きさに限界を感じ、絶望的にもなるが、ギャップを埋めるのが自分の仕事だと考えている。

エンジニアという商品の仲介

　顧客企業がオフショア開発をする動機は主にコスト削減であるため、インドIT企業の営業担当は、顧客企業から人月単価（一人月あたりの一人の価格）を下げるように圧力をかけられること

も珍しくない。定期的に訪問していたインドIT企業のバックオフィスでは、そうした顧客企業の要求がスピーカーフォンを通じて聞こえてくることもあった。

顧客　　　　　：あのー、この間の請求書なんだけどさ、
　　　　　　　　ちょっと困るんだけどね。
インド側の営業：はい。
顧客　　　　　：出張費、これ何。
インド側の営業：はい、その件ですが（説明に入る）
顧客　　　　　：はっきりいって高すぎる。
　　　　　　　　オフショア（インド）の2倍？
インド側の営業：はい。
顧客　　　　　：こんな料金じゃこれから一緒に仕事できな
　　　　　　　　いね。

　営業担当者にこの会話の内容を聞くと、顧客企業に出した請求書の金額は、インドからのエンジニアの出張費で、請求金額は規定通りのものであったが、顧客企業側がインド側のエンジニアの単価としては「高すぎる」と苦情を言って価格を下げるようにプレッシャーをかけてきていると説明し、値引き要求は「いつものことですよ」と述べる。
　この営業担当者は、エンジニアの人月ベースの取引や顧客企業の値下げ圧力について「要するに、自分たちの仕事は人をさばいてなんぼ。人を売るんです。システム開発はプログラマーの数で見積もるから」と述べる。そして、インドの本社はインドから人月単価の安い、若手のエンジニアを選んで日本に送ることで稼ぐという昔からの「body shopping メンタリティー」から抜けられず、業務知識のある人材の育成に投資するつもりがないと嘆く。

このようなインド企業の営業や人事担当者の悩みから視点を移して、エンジニアたちの立場から国際移動と就労環境を見てみるとどのようなことが言えるのだろうか。インドIT企業のエンジニアたちにとって、日本での就労はインドでの就労に比べて相対的に高い賃金を得られるためそのメリットは大きい。調査当時、大手のインドIT企業において、エンジニア65名（平均年齢29歳）の2011年の日本での平均月収は約47万円で、インドでの収入の約6倍（インドでの収入は平均8万円程度）であった。近年では、インド、中国、ベトナムなどオフショア先の賃金は年々上がっており、インドや中国では優秀なエンジニアは自国内で十分に高額の報酬が得られる環境になりつつあるが（岡田・岡部　2018）、新卒や経験の浅い若手のエンジニアにとって、海外プロジェクトの経済的メリットは大きい。調査当時（2008-2011）、来日したエンジニアたちも経済的なメリットを日本でのプロジェクトに従事する主な理由としてあげており、営業担当者によると、日本でインド人ITエンジニアに支払われる給与は、日本人エンジニアが同じプロジェクトについた場合と同じか、移動費などを含めるとむしろ少し高めであった。

　日本企業側から見ると自社に常駐するインド人エンジニアにかかる費用は、インド企業のオフショア開発センターのエンジニアと比べて高く、コストメリットは出ないが、ブリッジエンジニアは、インド企業のオフショア開発センターとの連絡役として必要であり、また、プロジェクトベースの期間限定の間接雇用であるため、長期の直接雇用にかかるコストが不要であり、必要な期間だけ使うことができることから新卒の社員をゼロからトレーニングする費用もかからないことがメリットとなる。これらのことから日本企業、エンジニア、そしてインドIT企業の三者にとってこの移動労働のシステムは経済的なメリットがあると言えるが、

同時にプロジェクトベースの請負や派遣労働は、経済状況の変動が大きく影響し、筆者が調査を行った、リーマンショック後の状況においては、特に不安定な就労環境が浮き彫りとなった。

以下、当時、調査した企業における人材供給の変動とエンジニアへのインパクトを具体的に分析する。

「ジャストインタイム」な人材供給

Aneesh（2006）はインドIT企業による労働管理をトヨタの「在庫」管理手法と重ね合わせ、ジャストインタイムな労働管理であると分析する。序章で述べたとおり、ジャストインタイムな生産技術の目標は、必要なものを必要な時に必要なだけ生産し、無駄な在庫をなるべく抱えないことにある。この「在庫」を「人／エンジニア」に置き換えると、インドIT企業の国際人材管理に当てはまる。

日本に来るエンジニアの手配としては、まずインドIT企業の日本支社、日本法人の営業部門が在日企業から仕事を受注するところから始まり、インド本社にエンジニアの手配を依頼し、インドの本社と日本支社、日本法人が連携してエンジニアの渡航手続きを行う。エンジニアの多くは在留資格「企業内転勤」、「技術・人文知識・国際業務」を取得して来日すると、すぐに顧客企業が指定するオフィスに出向いて就労する。

具体的に日本到着後のジャストインタイム人材供給を見ていくと、日本に派遣されたエンジニアたちの多くは、成田空港に到着すると、日本支社、日本法人には寄らずに、直接顧客企業のある都市に向かい、客先での就労を開始する。インドIT企業の人事担当者に来日後のオリエンテーションの時間などがあるかどうか聞いたところ、エンジニアは到着するとすぐに顧客企業に

'billable'（請求可能）になるため、オリエンテーションなどの時間は取れないという。

　極端な例では、仕事の受注が急に決まり、エンジニアは日本に行けという命令を会社から受けたものの、成田に到着するまで就労先の会社名も行き先の住所も知らされていなかったケースもあった。インドの大手IT企業のビザ担当者によれば、急なプロジェクトの受注があり、至急エンジニアが必要な場合は、本来は就労不可であるはずの「短期滞在ビザ」も利用し、客の要望に応えるなど、フレキシブルな労働の手配も行っているという[7]。

　以下の表は、インドIT企業A社におけるエンジニアの来日状況を示している。

表1-6　インドIT企業A社におけるエンジニアの来日者数

1.	2008年に来日したインド人エンジニア数	183人
2.	平均日本滞在期間	6か月
3.	同じ年に複数回来日したエンジニア数	9人（5％）
4.	再来日の平均インターバル	3.4か月

　表にあるとおり、来日したエンジニア183人の平均日本滞在期間は半年程度の短期で、ジャストインタイム労働管理により日本支社に無駄な「在庫」（エンジニア）が残らないようになっている。エンジニアたちは自分の担当業務が終われば通常は2週間以内にインドに帰国する。

　表でわかるとおり、2008年中に再来日したエンジニアが5％（9人）いるが、これらのエンジニアは、プロジェクトが終わると一度インドに帰国し、また顧客企業からの注文が発生した段階で再来日している。営業担当者によると、「3年ビザだと何度も入

国可能なので、『定期券代わり』として出入りする。」という。イ
ンド本社から送られてくるエンジニアを次の仕事まで日本で待機
させないのかインドIT企業の関係者に聞いたところ、エンジニ
アを日本で待機（ベンチング）させると日本での給与が発生して
しまい、コストがかかるが、インド企業のオフショア開発セン
ターに帰すと人件費が安くなりそのほうがよいという。

エンジニアの社会保険の加入状況は企業によってまちまちであ
るが、コストを下げるために社会保険料を負担したがらない企業
もあった。インドの中規模企業の人事担当者によると、コストを
下げるため、労災の掛け金を会社が払っておらず、社員には知ら
せていないが、「社員に知恵をつけなければ、仕事中に（過労死
などで）死んでも、請求されない」と述べる。さらに、請求され
た場合、掛け金を払っていないので会社に請求が40％はくるが、
それでも掛け金を払うより得であるという会社の判断があること
を話す。担当者は、こうした状況について、「エンジニアは死ぬ
ような仕事ではないですよ」と述べる。

序章の「人月の神話」で、IT産業のピラミッド構造と多重下
請けシステムは、下請け企業のエンジニアの給与水準に影響を与
えると述べたが、そうしたひずみは、インドIT企業のエンジニ
アの日本での待遇にも現れる。筆者の調査では所属企業がエンジ
ニア一人当たりのマージンとして取る割合は30％から75％と幅
があり、前述の例のように労災に入らない企業も調査した中で複
数見られた。また、健康保険、年金に関する情報がエンジニアに
きちんと伝えられていない場合も多かった。インド企業のエンジ
ニアのDanaは、こうした社会保険の情報に関して以下のように
述べる。

健康保険は大事。長く日本で暮らす人は年金も払ったほう

がいい。いつか日本から帰国しても脱退一時金が役に立つ。でも雇用保険は外人が払うのは意味ない。なぜなら今のビサで仕事がなくなったら3か月で次の仕事が見つからないと帰国しないと法律的にだめだから。帰らなくても見つからないけど、ビサの延長の時、源泉徴収票を出す必要があるので危険。私は派遣だが、残業代ない。実は会社はお客さんからもらっているが、私たちには払わない。外人の場合だけ、そんなポリシー。しかたがない。インドのIT会社では残業代はもらわないので気にしていない。

　Danaは所属するインド企業の情報を信用せず、自分でネットで調べたり、会社のインド人の先輩、日本人の友達からも教えてもらい情報を集めたという。

ベンチング（待機）

　インドIT企業の人材供給システムでは、顧客企業の需要の変化に応じてプロジェクトにつく、待機状態のエンジニアを一定数擁しており、Aneesh（2006）、Xiang（2007）のアメリカ、オーストラリアの事例ではエンジニアの就労先の国での「ベンチング」（待機）について分析されているが、筆者の調査の範囲では日本でのベンチングのケースは少なく、次のプロジェクトが決まっていなければ、先ほどのDanaのコメントのように、すぐにインドへ帰国し、インド国内で待機、あるいは別のプロジェクトに従事させる手法が取られていた。
　インドIT企業にとって、日本で仕事のないエンジニアたちに給与を払い続けることは損失になるだけでなく、エンジニアにとっても不安である。ベンチング中のエンジニアは経済状況が悪

化すれば真っ先にリストラの対象となるため、エンジニア本人にとっても好ましいものではなく、ベンチング中のエンジニアに聞き取り調査をしたところ、待機期間中に自分のスキルが古くなり、市場価値が下がるという不安、リストラの不安などを抱えていた。

中長期の労働を希望しても

インドから派遣されるエンジニアの中には文化的な差異や食生活の違い、家族の教育問題などにより、短期就労を希望する人々もいるが、多くの若手エンジニア（20代から30代前半）は、日本での仕事や生活にメリットを見出し（収入増加による経済的メリット、生活の利便性などの他、日本への愛着を含む）、短期間の就労だけでなく、できれば数年単位で働いてみたいと述べていた。筆者がインタビューしたエンジニアのうち、短期で帰りたいと答えたエンジニアはほとんどいなかった。半年のプロジェクトで滞在しているエンジニアグループに話を聞くと、海外でのプロジェクトを望む理由として、「お金のことを考えれば海外で働くのが一番」といった経済的な理由をあげる人々が多かったが、日本中を旅行して見聞を広めるなど、海外でしかできない体験を楽しみたいという声も多くあげられた。

一方で、冒頭のRakeshのように、ほとんどのエンジニアは日本に永住することは考えておらず、将来のある時点で（親が高齢になったり、子どもが学童期にさしかかる時期）インドに帰ることを前提としつつ、日本で短期ではなく、一定期間以上の滞在を希望していた。

しかし、エンジニアがたとえ中長期の就労を望んだとしても、就労期間を自分で決めることは難しい。アメリカでプロジェクト

に従事する場合、英語が堪能なエンジニアたちにとって言語の障壁が少なく、現地での転職の可能性もあるが、日本の場合はプロジェクトの期間が比較的短く、言語の障壁によって転職の可能性も限られる（Sahay et al. 2003）。日本での滞在期間はプロジェクトの状況、顧客企業の予算配分によって決まるため、本人が当初の滞在予定（配属されたプロジェクト期間）を超えて就労の延長を希望したとしても、継続して日本での仕事があるかどうか不透明な場合が多い。ある大規模プロジェクトでは、日本側の顧客企業が四半期ごとに予算会議を開き、すべてのプロジェクトがレビューの対象となり、予算配分が決まらなければプロジェクトを続けることができない。こうした日本の顧客企業側の態度はエンジニアたちからは「四半期メンタリティー」とよばれ、安定して長く働きたいと考えるエンジニアには否定的に受け取られていた。

　プロジェクトが縮小、打ち切りになると、エンジニアはインド企業を通じて帰国を申し渡される。あるエンジニアは、1年間日本でプロジェクトマネージャーとして働き、今後も期間を延長して働くつもりで運転免許を取ったところ、日本側の顧客企業の担当者から非常に驚かれたという。顧客企業の反応について以下のように述べている。

　　日本のお客さんは（自分たち外国のエンジニアに）長くいてほしくない。コストがかかるから。運転免許を取ったとき、日本側は what?　という感じ。家族連れも望まない。アメリカはその段階は過ぎたが日本はまだ。コストダウンするのを責める気はないが、経験のあるエンジニアは家族がいることが多いのに、子どもは連れてくるなという。子どもの病気とかスタッフもいろいろケアが必要だから（原文英語）。

エンジニアたちに帰国命令が出ると、多くの場合、2週間以内に日本を出国しなければならない。調査当時の景気の悪い状況において、顧客企業側の予算会議の時期になると、自分の仕事が延長されるかどうかわからないエンジニアたちが神経を尖らす。エンジニアたちは自分の仕事が延長されるのかどうか、職場での周りの様子やインフォーマルなルートからの情報でそれとなく察することができる場合もあるが、業務が終了するぎりぎりまで、全くわからない場合もある。経営状況が悪くなって急にプロジェクトが打ち切りになったが、エンジニアが全く打ち切りを予想していなかったため、インド企業からの帰国命令にショックを受けていた例も観察された。

切り離し

ジャストインタイムは需要動向に合わせて在庫をなるべく抱え込まない生産システムであり、需要がなくなれば生産が停止される。こうした労働供給システムに組み込まれているインド人エンジニアたちの日本滞在が、経済や企業の経営状態に影響を受けやすいことを、2008年の秋以降特に顕在化した世界経済危機下の状況が端的に示した。

調査していたインド人ITエンジニアが携わっているプロジェクトが次々と中止または延期となり、多くのエンジニアが帰国を余儀なくされた。金融危機の打撃が大きかった外資系金融機関向けだけではなく、日本企業向けのプロジェクトも中止、延期が続き、2009年3月の時点で調査した企業のプロジェクト数は3分の2に減少していた。プロジェクトが縮小されるとエンジニアの数も減らされ、あるサポート業務のチームは、2008年の4月の段階では20名が就労していたが、1年後の2009年5月には4名

に減少し、少ない人数で以前と同じ量の仕事をこなさなければならず、エンジニアたちは長時間の残業を抱えており、筆者が週末にエンジニアの自宅でインタビューをしている間も、会社から頻繁に電話がかかってきて、応対に追われていた。

　また、新規のプロジェクト数が減ったため、新たに来日するエンジニアの数も減り、定期的に調査を行っていたあるインドIT企業では、労働許可申請数が2008年の5月と2009年の5月の比較では約半分に減少していた。日本からインドに帰国する人が増えたため、東京近郊に住むインド人たちによって生活情報を得るためによく使われるメーリングリストでは帰国するインド人のさよならセールの回覧が多数出回った[8]。

　帰国する際、多くのインド人エンジニアは、日本で再度就労ができるように外国人登録証をキャンセルせず[9]、再入国許可をもった状態で帰国する（村田　2010）。エンジニアたちにとって、外国人登録をもち続け、再入国許可を持ったまま帰ると、日本で求人が出たとき、就労のチャンスが増えるからである。梶田らは日系ブラジル人が不安定な請負形態の労働により、職場を転々と移動するため、居住地において「顔が見えない」存在になっていると指摘しているが（梶田・丹野・樋口　2005）、インド人ITエンジニアの場合も、自治体の記録からは、居住しているのか、帰国してしまったのか把握が難しい状況になっていた。

　日本に来る多くのエンジニアはインドIT企業本社の正規社員である場合が多いが（人材派遣会社経由のエンジニアを除く）、彼らはインドに帰国すれば雇用が常に守られているかというと前述したとおり、調査時にはインド本社でもリストラが吹き荒れ、先行きは不透明であった。アメリカ経済の失速はグローバルな連鎖を起こし、インドのIT企業にも大打撃を与え、2008年の秋以降に顕在化した世界経済危機により、インドに帰国したエンジニアの

雇用状況も悪化し、インド IT 企業はインドで軒並みリストラや
給料カットを行った [10]。筆者が 2010 年 3 月から 4 月にかけてイ
ンドを訪問し、インド IT 企業で調査を行った際も、大手 IT 企
業のオフショア開発センター内のカフェテリアではリストラのう
わさがエンジニアたちの間でささやかれており、彼らが雇用の先
行きの不透明さに不安を抱えながら働いている様子が伝わってき
た。特に帰国してからプロジェクトにつけずに待機中のエンジニ
アたちは不安定な立場に置かれていた。

転　　職

　もちろんエンジニアの中には数か月単位の日本での就労で満足
という人々もいるが、多くのエンジニアは可能であればもっとま
とまった期間の日本での就労を望んでいる。顧客企業先における
半年間のプロジェクトで働いているエンジニアたちについて見て
みよう。このグループのエンジニアたちは、日本での半年の就労
期間中、同僚とアパートの部屋をシェアし共同生活を行い、共同
で食材を購入するなどして生活費を節約し、半年で 100 万円以上
貯金する。彼らの多くが、帰国後日本で貯めたお金を使ってイン
ドで不動産を購入したり、家族の結婚式などの費用として使うな
どの予定を立てていた。短期就労のエンジニアたちに、日本で転
職が可能であれば、転職したいかと聞いたところ、多くが、転職
には興味があるが、日本語ができないので無理だろうという回答
であった。
　エンジニアたちが、経済状況や企業の収益、プロジェクトの状
況に左右されずに日本で働きたい期間を自分で選択し、ある程度
コントロールできるようになるためには、在日企業か、インド
IT 企業の日本支社に正社員、あるいは一定期間以上の契約社員

として採用されることが必要になる。特に、インド人エンジニア
にとってインド IT 企業の日本支社、日本法人は会社のやり方に
も馴染んでいるため安心であり、インドに帰国しても多くの場合
仕事を続けることができるため、転職希望先として人気がある。

　エンジニアが所属会社から別の会社へ転職、あるいは同じ会社
のインド本社社員のステイタスから東京支社の直接雇用へステイ
タスを切り替え、長期的に雇用されるためには、高い日本語力が
要求されることが多い。インド IT 企業の大手、準大手の 3 社の
日本支社の関係者に直接雇用の社員数を聞いたところ、1 社はほ
とんど直接雇用のエンジニアを採用しておらず、2 社は東京支社
の直接雇用のインド人エンジニアの数は全体数の 6 分の 1 程度に
抑えているということであった。

　エンジニアを直接雇用する日本支社では日本語の能力が非常に
高い社員 [11] を求めており、転職するために日本語力が求められ
ていることは、調査時の転職サイトの求人票からもうかがえる。
たとえば、インド人 IT エンジニアがよく利用する Daijob.com
という就職支援サイトで、「IT エンジニア」の求人票を見ると、
多くの場合、ネイティブレベルの日本語、あるいは読み書きも含
めた高いレベルの日本語が求められており、高い日本語力を有さ
ないエンジニアにとっての転職のチャンスは低い（表 1-7）。

　このような状況で多くのエンジニアは、日本での転職には興味
をもっているものの、日本語力が足りないという理由で、外資系
企業や一部の英語を公用語とする企業以外では、正規社員として
の転職をあきらめていた。インド IT 企業が欧米、とくにアメリ
カを中心とする英語圏においてビジネスを拡大し、急成長を遂げ
てきた理由の一つはエンジニアたちの高い英語力にあり、英語圏
であるオーストラリアではインド人 IT エンジニアを含むアジア
系の「パワー移民」が、専門性と英語力を武器に、ホスト社会に

表 1-7　IT プログラマーの求人票で求められている日本語力

必要とされる日本語能力	求人件数	割合
ネイティブレベルの日本語	55 件	48.6%
流暢な日本語（日本語能力試験 N1 レベル）	31 件	27.4%
ビジネス日本語（日本語能力試験 N2 レベル）	18 件	15.9%
日常会話レベルの日本語	1 件	0.8%
最低限の日本語	1 件	0.8%
日本語はゼロでいい	7 件	6.1%

（調査当時の求人データ：Daijob.com 2009.9.5）

対等な立場で働きかけるまでになっていると指摘されているが（石井・関根・塩原　2009）、日本において、インド人 IT エンジニアが英語という武器を生かして、会社を渡り歩くことはまだ簡単とはいえない。

循環労働

　市場の動きと海外企業のニーズによって作り出されるインド IT 企業の国際人材派遣システムは、インドと日本間のエンジニアの循環労働も副産物として作り出す。そのことは、前述のエンジニアの 1 年間の移動の分析において、複数回日本で就労しているエンジニアがいることからも見て取れた。以下、循環労働するエンジニアの二つの事例を分析する。

　20 代後半でプロジェクトのグループリーダーの Dinesh は、日本への来日が 4 度目で、ブリッジエンジニアとして、平均約 6 か月の日本での就労を 4 回繰り返している。Dinesh は日本語能力が中級レベルであるが、顧客企業とインド企業のオフショア開発センターとのコーディネーション能力が高いため、顧客企業から

の信頼が厚く、日印間の循環労働を数か月ごとに以下のように繰り返している。

日本 2か月	インド 3.5か月	日本 5.5か月	インド 3か月	日本 12か月	インド 2.5か月	日本 3.5か月

図 1-3　循環労働の例

　本人としても往復によってインドの両親にも会えるため、日印の往復をあと 3、4 年続けてもよいとのことである。Dinesh は循環労働によって、これまで 300 万円ぐらい貯金ができ、そのお金で土地を買う予定でおり、経済面のメリットも大きいと述べるが、本人にとっては、それ以上に、日本で働き、日本の顧客企業の考え方、そして日本の企業文化がわかるようになることは、インドに戻ってオフショア開発センターで働く際に大いに役立つという。また、こうした経験は日印ビジネスの橋渡し役として今後自分がビジネスを興す際にも重要であると述べる。ただし、Dinesh は日印を往復する短期の循環労働ではなく、将来は日本でもっと長期間働いてみたいという気持ちもあり、日本で MBAを取得し、長期のキャリア展開ができる職場を探すという選択肢も検討している。同時に、国の両親に結婚を勧められており、子どもができれば一つの場所に落ち着こうとも考えており、循環労働は子どもができるまでの過渡期的な労働形態とも捉えている。こうしたことから Dinesh は将来について揺れていることがうかがえる。

　次に、プロジェクトマネージャーの Sai の例であるが、Sai はこの 12 年間に「自分でもわからない」ほど多く日本で就労する機会を得ている。Sai は、1997 年から 3 年間インド IT 企業の日本支社で直接雇用されていたが 2000 年に帰国し、インド IT 企

業に就職した後、その会社から派遣され数えきれないくらい日本に短期で働きに来たという。そして数年前からは現在のインドIT企業の日本支社で直接雇用されており、日本支社に常駐して働いている。Saiは、日本語が堪能で日本企業とのビジネスも熟知する日本専門家として日本で就労する機会が多く、もし転職して別のインドIT企業に勤めてもやはり日本で働くことになるだろうと述べる。

　これらの例で注意しなければならないことは、いずれのエンジニアも技術力に加えて、一定レベル以上の日本語力を有し、顧客企業の業務を理解している点である。本人たちに自分の強みを分析してもらうと、日本語力だけでなく、相手の必要とするものが何かを予測して行動する洞察力や問題解決力の重要性も述べていた。

　また、ここで見たようなプロジェクトベースの循環労働はエンジニアの主体的な移動の選択ではなく、フレキシブルな労働力を求めるソフトウェア産業の労働構造が作り出したものであることにも注意する必要があるだろう。もちろん、Dineshの事例のように、エンジニア自身がそういった循環労働を利用し、自らのキャリア展開の道具と考えている部分も見受けられるが、エンジニアたちは自身の働く場や期間を完全にコントロールすることは難しい。特に頻繁な移動は、学童期の子どもがいたり、高齢の両親をもつエンジニアにとって負担が大きい[12]。

　前述の短期就労グループのエンジニアたちの多くは、インド帰国後のキャリアをどのように構築するかに関心をもっていた。特に帰国直前のエンジニアは帰国後のキャリア構築への関心が高く、たとえば日本での6か月の勤務を終えて来週帰国するAshaは、アパートで同僚と帰国後の話をしていた際、「もうそろそろいい（転職の）時期だよね」、「もう転職先は探しているの」とい

うような会話を熱心に交わしていた。インドの若いエンジニアにとって、2、3年間隔の転職は特別なことではなく、転職することで収入が2倍に増えることも珍しくない。エンジニアの日本での6か月の就労は、日本企業からすると、インド企業のオフショア側のエンジニアへのナレッジ・トランスファーも目的としており、日本で働いたエンジニアがそのままインドの現場で定着してくれることを望むが、インド側のエンジニアから見ると、実際に日本での就労経験を積むことは転職を有利に運ぶためのリソースとなるため、必ずしも顧客企業側の思惑どおりに二つの職場間のナレッジトランスファーが円滑に進むとは限らないことがうかがえる。

さらに、Ashaに転職の動機を詳しく聞いてみると、そこにはインドIT企業の人材管理の在り方、雇用の不安定さも見え隠れする。Ashaは帰国後、とりあえず、所属しているインドIT企業に戻り、そこで転職の準備をする予定であるが、企業の業績が落ち込んでいるため、自分もすぐ次の仕事に配属されず、待機させられる可能性もあるとも心配する。実際にAshaの帰国時には待機状態のエンジニアが大量にリストラされており、Asha自身も待機リストに入れられればリストラされるかもしれないと恐れていることが転職の一つの動機となっていた。

一人歩きする商品

エンジニアが転職する際、日本語能力が求められるということは、逆に言えば、エンジニアが一度日本語という「武器」を手に入れると、転職が容易になることも意味する。言語を巡るこのような状況は、言語と技術の逆転現象を生み出すこともあり、エンジニアの日本での採用において、技術力よりもまず言語によって

優遇される事例も観察された。

　インドの人材派遣会社 A 社は、豊富なバイリンガルエンジニアを有していることを自社の強みとしており、インドで新卒の学生をリクルートし、数か月の日本語教育を施した後、日本に送り込む派遣、請負のビジネスを行っている。しかし、この会社の営業担当者は、日本語教育研修を受けさせた人材の多くが 1 年足らずで辞めてしまい、もっと大きいインド IT 企業に転職してしまうと嘆いていた。営業担当者によると、転職したエンジニアの多くは、技術力や経験が十分とは言えないが、日本語力によって簡単に転職していく「独り歩きする商品」になっていくという。

　日本語を武器にしてキャリアアップしたインド人エンジニアの Uday は来日し日本語を学びながら、転職を重ね、現在はインド IT 企業の日本支社の正社員として直接雇用されており、30 代前半で年収が約 1,000 万円である。Uday は正社員であるため、担当するプロジェクトがなくなってもすぐにインドに帰国する必要がなく、会社で待機し、別のプロジェクトにつくことができるため、落ち着いて日本で働くことができている。Uday は、日本において IT エンジニアとして働き続けるためには、絶え間なく技術力を磨き新しいスキルを身につけるだけでなく、日本語力を上げていくことが重要であると述べる。そして、自分が現在の会社に直接雇用され、日本での長期の就労が可能になっているのは、技術者としてのスキルはもちろんであるが、取引先の日本企業の担当者と良好な関係が作れ、仕事を継続してもらえるような日本語のコミュニケーション能力、「ソフトスキル」があるからだと分析する。

　エンジニアたちのインタビューでは、頻繁に「日本語能力試験」（JLPT）のレベルについての話が出てくる。あまり日本語が話せないエンジニアの場合 JLPT N4（4 級）がまず目標とされ、

日本語力の高いエンジニアたちは、N2、そしてN1を取得することを目指しており、JLPTはよい転職先、あるいは年収アップにつながる資格として重要視されている。

　Udayにとっても日本語能力の重要性は高く、仕事で用いる日本語の読み書き能力はまだまだ不十分であると感じており、管理職としてより好待遇の仕事を得るために日本語能力試験のN1の合格を目指している。Udayの会社では、通訳や翻訳にかける費用を削減するために、インド人エンジニアに技術だけでなく、言語的な処理が行えること、顧客企業と書類のやり取りを日本語でできることなどを求めている。言語面で企業の観点から見て不十分と考えられる人材はUdayの上司の言葉によれば「管理職は任せられない」ため、Udayは言語による「ガラスの天井」を感じていると同時に、日本語と新しい技術の資格を取得してそうした制約を打ち破りたいと考えている。こうしたことからUdayは定期的に転職エージェントと接触し、自分の市場価値をチェックし、常に新しい資格試験を受けるための準備をしている。資格試験に受かった直後のUdayにインタビューすると、大喜びで、「どこへ行ってもクビ切ってるんです。だから（資格取得による）安心が必要」と述べる。

　Udayの絶え間ないスキルアップと日本語学習は、将来のよりよい待遇を求める自身のキャリア志向と企業側からの圧力によって行われており、Udayはスキルアップするために、資格試験の準備、ワークショップの参加などに時間、お金、エネルギーを注ぎ込んでいる。研修のコストは企業が補助する場合もあるが、個人がキャリア構築のために自己投資する場合も多い。

　Udayにとって転職はよい意味でのチャレンジでもあり、転職を繰り返して年収を上げていく行為は、エンジニアとして自然なこととして捉えられている。転職による収入の増加はリストラの

リスクが高まることの裏返しでもあるが、「給料が上がるとリスクも上がり、ますます勉強しなければならないし、そうやってチャレンジするのがおもしろい」とUdayは述べる。年収が上がれば上がるほど、会社側の要求も厳しくなり、売り上げに貢献できなければ、高い人件費が重荷になり、リストラの危険も高まるが、Udayは、そうしたリスクとチャレンジを肯定的に捉え、定期的にヘッドハンターと会い、自分の市場価値を確認している。

　Udayのこうした話は、日本語やコミュニケーション力を高めて転職を重ねたエンジニアのサクセスストーリーであり、Udayの語りからは本人の努力が実を結び、ハッピーエンドであるかのように見える。しかし、その後、Udayを取り巻く環境は変わり、インドIT企業の日本支店に転職して年収はさらに上がったが、この会社では景気の悪化の影響を受け、開発プロジェクトが激減し、正社員のエンジニアのリストラが始まり、Udayの同僚が次々とリストラされていった。リストラが始まってから数か月後、Udayとの定期的な聞き取りでは、「自分は日本語もできるし、日本での経験もある。技術の資格も新しく取ったから大丈夫」と気にしていない様子であった。

　しかし、その数週間後、Udayは勤めている会社から、突然リストラを申し渡され、インドに帰国することになった。筆者がUdayからインドに戻るという電話を受けた際、Udayは、予期せぬことに取り乱していた。会社側では景気が回復すればUdayを呼び戻すといっているが、先行きは不透明である。Udayのキャリア展開、日本での労働の意味付けは、絶え間ない技術、言語面でのスキルアップと、企業内、そして顧客企業との関係性の中での学びから生成されており、同時に市場の不安定さ、企業による失業リスクの個人化にも強い影響を受けている。

インドに戻って
──オフショア開発センターのエンジニアたちの声

　インド企業のエンジニアたちは、プロジェクトが終了すると一部の転職組を除いて、ほとんどがインドに戻っていき、インドの所属企業で働くかインドで転職していく。彼らにとって日本での就労とはどのような意味をもつのだろうか。インド企業のオフショア開発センターで行ったインタビューを中心にインド大手企業4社のエンジニアたちの帰国後の声を分析する。

　インドのマハーラーシュトラ州のプネにある India Tech の開発センターは、広大な敷地を持つ IT パークの中に位置する。プネは IT 産業を中心に目覚ましい発展を遂げており、IT パーク内には多くの IT 関連企業のオフィスが集まっており、敷地内は外の交通渋滞や喧噪とは別世界の静かな空間となっている。

　India Tech のオフショア開発センター内は、アメリカ、イギリスなど海外の顧客企業用のプロジェクトルームに分かれており、フロアの一角には日本の顧客企業専用のゾーンが設けられ、訪問時には 300 人以上のエンジニアが働いていた。

　就業開始時間である午前9時にエンジニアたちの働くオフィスを訪問すると、まだ働いている人はまばらで、人々は朝のカフェテリアに集まり、食事と同僚との会話を楽しんでいる。

　インド企業のオフショア開発センターはアメリカ向けのプロジェクトが多く、アメリカとの時差に合わせて午後から出勤する

写真 1-2　インドの社員食堂

人々も少なくないため、出勤や退社時間は厳密にはチェックされ
ておらず、朝のセンター内はのんびりした様子である。

　日本で3年間ブリッジエンジニアとして働き、一時帰国でイン
ドに戻ってきた Satish は、久しぶりにインドの開発センターを
訪問して、社員たちのゆったりとした仕事のペースを見て、「こ
の人たち、全然働いていない」と驚いたという。Satish が日本で
働いていたオフィスでは、顧客企業のエンジニアたちが朝から晩
まで忙しく働いており、Satish 自身も日本でブリッジエンジニア
として働いている間にすっかりそのペースに染まってしまってい
た。

　プロジェクトマネージャーの Ganesh は、管理職の視点から見
て日本から戻ってきたエンジニアたちは以前とは大きく違ってい
ると述べる。Ganesh は日本向けのプロジェクトを担当し、自分
自身もブリッジエンジニアとして何度も日本で働いた経験があ
り、日本での就労環境もよく理解している。Ganesh は帰国した
ブリッジエンジニアは前述の Satish のように日本の職場での長
時間労働や残業に慣れて、インドに帰国してからも遅くまで仕事
をするようになり、仕事に対する責任感も以前とは全く違うとい
う。

　インドに戻ってきたブリッジエンジニアたちに、日本でどのよ
うなことを学び、変わったのか変化について聞くと、次のような
答えが返ってきた。

・（日本で働くことで）顧客がどんな人たちで、自分たちが何の
　ために働いているのかわかるようになった。だからがんばろ
　うと思う気持ちがもっと出てきた。
・今のオフショア開発センターの仕事は、定刻で仕事が終わら
　ないわけじゃないけど、日本で顧客企業のエンジニアたちが

やっていたように、自分ももっとよく、もっとよくという感
じで働くようになった。

・日本のお客さんと働くと相手にわかりやすく、一目で伝えら
　れる技術が身につく。

・（日本では）仕事がないと時間を無駄にしないでテストをした
　り。日本人はすごくよく働いているから、自分たちも、とい
　う感じになる。

・相手の期待が高いことがわかる。だからがんばるようになっ
　た。

・自分の顧客企業の担当者は厳しい人だった。彼の期待を満た
　すことは難しいが、それができたときとても報われたように
　感じた。だから頑張ろうと思った。

・品質管理について多くのことを学んだ。

・いろいろな人に助けてもらい、仕事だけではなく、人間的に
　成長した。

　インドのプロジェクトマネージャーたちはこうした若い世代の
エンジニアがインド企業のオフショア開発センターに戻って経験
をチームメンバーと共有してほしいと考えており、特に優秀な人
材（コア人材）にはインセンティブを与えたり（昇給）、研修を受
ける機会を与えてスキルアップさせることで、長期的に働いても
らうように努めている。

距離感

　しかし、インドでインタビューした多くのエンジニアたちは、
日本のエンジニアの働きぶりに影響は受けるものの、インドに
戻ってきて、日本で働いていた頃と同じ働き方をずっと続けられ

るかというと懐疑的な声が多い。エンジニアたちは日本の顧客企業の職場を思い出して、次のように話す。

・日本の職場はエネルギーレベルが朝から晩まで高い。誰もが文句を言わずに働いている。でも、インドでそれはできない。家族もいるし、環境が違う。
・彼らはどんなにたくさんのタスクでも命令されると完結しようとする。そういうのはインドにもあるが、日本の比じゃない。こっちで同じことを要求するのは難しい。
・顧客先の人たちは生産性が高いし集中して仕事をするけど、自分の自由な時間がない。おしゃべりする場所もない。リラックスする時間は大切。
・顧客企業は自社のプロセスにこだわるが、私は顧客企業のプロセスに興味がない。会社によって違うから汎用性がない。新しい学びがなければ移動する。

　若いエンジニアたちは、よりよい待遇、新しいテクノロジーを求めて移動し、キャリアアップすることを希望するため、同じ顧客企業先で長く働こうと考えるエンジニアは少なく、帰国したエンジニアたちはだんだんと日本向けのプロジェクトから離れていく。インドのソフトウェア産業は人材の流動性が高く、新しいことを学ばなければ、この業界での職の安定はないと多くのエンジニアが考えており、経験のあるマネージャーでさえも不況時には簡単に解雇されていくのをリーマンショック後の不景気の中で目の当たりにし、自分の市場価値を常に高めておく必要性があることを感じている。絶え間ない移動や転職は「エンジニアのライフサイクルそのもの」と述べるエンジニアもいる。
　また、コア人材として日本の顧客企業からプロジェクトに残る

ことが期待されている人材でも将来に対する考え方はさまざまである。

　Ayaan（30代前半　プロジェクトマネージャー）は、現在のインドIT企業に入社して10年目で、アメリカ向けのプロジェクトで4年間働いた後、日本の顧客企業のプロジェクトで6年間働いており、ブリッジエンジニアとして日本で働いた経験がある。現在の仕事には満足しており、日本での就労経験を通じて、顧客企業の働き方や製品について理解できるようになり、現在のポジションで昇給しているため経済的にもメリットがあると感じている。しかし、Ayaanもまた、同じ顧客企業のためにずっと働き続けるつもりはなく、一つのプロジェクトで覚えたスキルは別のプロジェクトでは使えるとは限らないため、日本での仕事のチャンスがあればまた行きたいが、現在の仕事にチャレンジがなくなったら他の企業のプロジェクトに移りたいと考えている。

　一方で、Karan（30代前半　プロジェクトマネージャー）は現在の企業に入社して8年目で、入社以来、同じ日本の顧客企業を担当し、現在はプロジェクトマネージャーとして働いている。Karanもまた日本でのブリッジエンジニアとしての就労経験から顧客企業側の長時間労働、品質に対する責任感を理解するようになり、帰国してから毎日、仕事に追われ8、9時間働いているという。Karanのプロジェクトで一緒に働いていた同僚は半数以上がプロジェクトを去っており、転職したり、同じ企業の欧米の顧客企業向けのプロジェクトに移っていった。Karanは「幸か不幸かわからないが」と前置きしつつ、自分はこのプロジェクトで必要とされており、敢えて仕事を変わろうとは思っていないと述べる。Karanが残る理由は、この仕事にはやりがいがあるからであり、複数のプロジェクトを担当し、新しい技術を学ぶチャンスもあり、大きな不満はない。日本の顧客企業は細かい進捗状況報告

や証拠の提出を求めるので、それを嫌っているエンジニアたちもいるが、Karan自身は日本での経験から、顧客企業のエンジニアたちの完璧主義な働き方、スケジュール管理、品質管理の方法など、学ぶものが多くあったと感じており、現在の仕事により自分も成長していると感じる。Karanの会社のプロジェクトの成功率は、アメリカと日本で比べると、日本のほうが高く、Karanはその理由には、日本の顧客企業のコミットメントがあるからではないかと感じており、そうした姿勢は自分たちも学ぶべきだと述べる。

　Dipak（30代後半　プロジェクトマネージャー）もまた、入社以来日本の企業のプロジェクトを担当しており、現在の顧客企業のプロジェクトで10年間働くコア人材の一人である。Dipakは管理職として、エンジニアの頻繁な離職に頭を悩ましており、優秀な人材が離れていく中でプロジェクトの質を維持していくことに苦慮している。Dipakが統括するチームはピーク時には100名ほどいたが、最近では顧客企業の予算が減り、プロジェクトが縮小され、エンジニアは20人に減少しており、さらに人員を整理しなければならない状況に陥っている。Dipakは景気がよい時期にはコアとなるチームメンバーにインセンティブを与えることができたが、現在はできなくなっており、チームのモチベーションを高めるためにエンジニアたちと夕食をともにしたり、業務知識や新しい技術の研修、日本語トレーニングをさせるなど、エンジニアたちが何らかのスキルアップができるように工夫しているという。

「パートナーシップ」について

　インタビューを行ったインド企業のオフショア開発センターの

プロジェクトマネージャーたちは、安定してプロジェクトが維持されなければせっかく日本で顧客から直接業務を学び、経験を積んだコア人材たちを他のプロジェクトに取られてしまったり、彼らが他社に転職してしまうので、より安定的な関係、中長期のパートナーシップを日本企業と結びたいと述べる。

　マネージャーの一人は、日本の顧客企業が長期的な計画をオフショア開発センターの人間とは共有せず、「オフショアにはプログラムを書けというだけで、仕事が終わったら『次』と言うだけ」と指摘し、日本の顧客企業がもっと長期計画を共有してくれたら、エンジニアたちの仕事のモチベーションが高まるだけでなく、「チームの一員」だと感じられるが、今のように全体がわからないと、自分たちは単なる「部品」として扱われていると感じ、仕事が正しいのかどうかもわからなくなる、という。また、マネージャーの立場からも、短期的な関係だけでは、オフショア開発センターによい人材を確保したり、日本企業にアドバイスをすることが難しいと述べる。

　別のマネージャーはインド側のエンジニアたちにとって、日本の顧客企業は遠い存在であり、関係の希薄さから生じるモチベーション低下の問題もあるとし、顧客企業とのつながりを感じさせるもの、たとえば、賞品やTシャツ、顧客企業のロゴの入ったペンなどほんの少しの感謝の気持ちでも感じとることができれば、自分たちの仕事に対する顧客企業からの感謝とリスペクトを知ることができるので、そこからモチベーションが生まれるのではないかという指摘も出された。

　インド国内のオフショア開発センターで働くインド人エンジニアたちをAneesh（2006）は国境を越えて顧客企業に労働力を提供する「ヴァーチャル移民」とよぶ。Aneeshは「ヴァーチャル移民」は物理的な国際移動を伴わないためビザや入国管理の規制

を必要とせず、顧客企業が維持コストを支払わずに活用できる安価で、切り離し可能な労働力であるとしているが、日本に来日経験がなく、オフショア開発センターで働くエンジニアたちは、海外の「顔の見えない」顧客企業のプロジェクトに対して距離感を感じており、日本の顧客企業側の細かい進捗状況のチェックは、オフショア開発センターのエンジニアたちのモチベーションに影響しているという指摘も出された。

　最後に、日本の顧客企業とのプロジェクトが拡大しているオフショア開発センターのマネージャー、Noor は、自分のプロジェクトが発展していることを以下のようにコメントしている。

　　　やっと全体像がわかるようになってきた。前は「この画面を作って、これをして、これをして」、ばかりだったが、来年の計画までわかる。このソフトウェアが開発したいから、これをすべきなど、最近ではパートナーだと感じてきた。

　Noor が述べたようなプロジェクトの成熟は、インドのオフショア開発センターのエンジニアに「顧客企業とともに成長した」という感覚を与え、関係性を深めるために役立っている。しかし、訪印して調査したインドの IT 企業のマネージャーたちの声からは、Noor のプロジェクトのような状況はまだ少なく、本当の意味でパートナーになるには時間がかかると述べていた。

小　括

日本における外国人専門職人材の受け入れ政策において、中長期的な人材の定着が望ましいとされている一方で、本章で分析し

たようなエンジニアたちのジャストインタイムの就労は見えにくい存在となっている。先行研究では、高度人材のハイエンドなイメージと現実のホワイトカラー人材の間の乖離が指摘されているが（五十嵐・明石 2015）、これに加えて高度人材の受け入れや定着化の議論では、派遣、請負などの契約形態で働く人々の国際移動と就労の実際の流れや就労現場に関して、十分に光が当てられてこなかった経緯があり、研究の蓄積が求められている。

　こうしたことを踏まえて、本章では、プロジェクト単位で働く外国人 IT エンジニアが、どのようなシステムを通じて来日し、エンジニアとして日本の顧客企業に常駐し、プロジェクト終了と同時に切り離され、移動していくのかを分析し、以下の点を明らかにした。

　第一にインド IT 企業におけるエンジニアの選抜プロセスを追い、新卒者の厳しい選抜とともに、オフショア開発センターにおける大量のエンジニアの人材プールが雇用の調整弁として機能し、転職と解雇は隣り合わせとなっている状況を明らかにした。

　第二に、インド IT 企業日本支店のマーケティング、営業活動の分析からは、日印の企業間のお互いに対する期待が異なり、営業担当者にはそうしたギャップを埋める仲介実践が求められていることを示した。オフショア開発において、ブリッジ人材というと、開発現場の連絡を橋渡しするエンジニアを主にイメージするが、マーケティングや営業もまた、2 国間のビジネスをつなぐ実践であることを示した点でも新しい知見を提供することができたのではないかと考える。

　第三に、エンジニアの取引の分析を通じて、顧客企業先への就労から切り離しまでのジャストインタイムの労働供給の具体的な流れを明らかにした。そして、エンジニアたちの国際就労は、経済的なメリットがあるが、滞在期間をコントロールすることが難

しいことを示すとともに、不況時に大量のエンジニアの解雇が行われた実態を示した。また、日本での長期的な就労を望む場合、高い日本語能力が求められていることを明らかにし、能力の高い一部のエンジニアたちは、日本に定期的に招聘され、日印間で循環労働を行っていることも示した。

最後に、インド企業のオフショア開発センターの観察とインドに戻ったエンジニアたちのインタビューを通じて、日本での就労の意味を分析し、多くのエンジニアたちは日本での就労を通じて、顧客企業の考え方、働き方を理解し、大きく変化するが、日本向けのプロジェクトで働き続けるエンジニアは少ないこと、人材の流動性の高い環境の中で、多くのエンジニアが新しい技術や知識の習得、よりよい待遇、欧米での就労のチャンスなどさまざまな理由でプロジェクトを去って移動していくことを示した。

本章の調査結果は、プロジェクト単位で働く外国高度人材の国際移動と就労の具体的な流れを分析したことで、「なぜ日本が選ばれないのか」という高度人材の主体的なキャリア選択の議論を超えて、人材供給システムや契約形態と連動し、一定の制約を受けているエンジニアたちのキャリア構築の在り方を理解するうえで役立つものと考える。

特に調査時（2008-2011）には、リーマンショック後の不況により調査したプロジェクトではエンジニアの切り離しが顕著に見られており、プロジェクト単位の外国人労働者が景気の変動によって具体的にどのような影響を受けるのかを知るうえで貴重な記録となるのではないかと考える。

調査時と比べて現在の状況を見ると、エンジニアの不足は年々深刻化しており、日本のIT関連企業の外国人エンジニアの雇用体制も変化を見せている。日本の企業による、インドの工学系大学の新卒者の直接雇用が始められており、今後、外国人エンジニ

アの直接雇用も徐々に増加していくものと予想される。こうした変化の中で、インド IT 企業のプロジェクトで来日するエンジニアの中で、日本の就労環境が気に入り、日本で一定期間働きたいと考える人々にとって、日本で転職し、中長期の就労を目指す可能性も広がりつつある。調査したインド IT 企業のエンジニアの中には、長期間の就労を視野に「高度専門職」の在留資格を申請する人々、日本国籍を取得する人々も出てきている。

　人手不足が深刻化する中で短期のプロジェクトで来日することは、長期的な就労へのプラットフォームとなりうるものであり、次の第 2 章、第 3 章で見るように、新しく来日するエンジニアは日本の職場や地域とつなぐ役割を担う仲介者（ブリッジ人材）としても非常に大きな可能性をもっている。プロジェクト単位で就労する人々の移動と就労環境の実態調査をさらに行っていき、変化を捉えることが今後重要であろう。

　謝辞：本研究は 2008 年度の日本経済研究奨励財団の助成を受けた。

【注】
1　工学系の大学が増加する一方で、その教育の質も問われている。卒業生の4.6％程度しかソフトウェア産業で採用できる正確なコーディングのスキルを有していないという報道もなされている。https://economictimes.indiatimes.com/jobs/employability-survey-2019-jobs-slip-away-from-the-ill-equipped-indian-engineer/articleshow/68559686.cms（2019.07.01 アクセス）
2　調査した大手企業では契約社員の月収は正社員の 1.5 倍程度であった（人事担当者からの情報）。
3　社内英語化が進んだ日本企業や外資系企業ではこの限りにない。
4　日本語能力試験に必要となる学習時間と学習項目の目安を示したもの。中級中盤の学習時間は筆者が目安として加筆したもの。https://www.jlpt.jp/about/pdf/comparison01.pdf（2019.07.01 アクセス）
5　インド人のブリッジエンジニアを多数擁するインド IT 企業の人事担当者は、

エンジニアに集中的に日本語教育を受けさせると、10人中2、3人は他の会社に引き抜かれてしまい、投資を100％回収できないと嘆く。

6　テックマヒンドラのHPから http://www.satyam.co.jp/concept/message.htm （2019.07.01アクセス）

7　人事担当者は短期滞在ビザは、給与が発生したことが発覚すると強制送還になるため、避けたいが、顧客のニーズがあるので仕方なく行う場合もあると述べている。

8　エンジニアの減少は2008年度に日本に新規に入国した高度人材の減少からも見てとれる。「平成20年における日本企業等への就職を目的とした『技術』又は『人文知識・国際業務』に関わる在留資格認定証明書交付状況」では、交付数が前年より23.3％減少している。（http://www.moj.go.jp/PRESS/090714-2-1.pdf）。（2009.9.29アクセス）

9　筆者は数人のエンジニアから帰国する際に外国人登録をそのままにして帰っても大丈夫かどうか相談を受けた。インドIT企業のビザ担当者によると、実際に国外にいながら外国人登録をそのままにしておき日本に戻ってきて働くことはできるが、ビザ延長時に収入が少ないと、税金の支払いがなされていないことが問題になる可能性があるという。

10　この時期にインドの大手IT企業のTCS, Infosys, HCL Tech, Satyam, Patniなどが軒並みレイオフ、待機エンジニアの給料削減などに踏み切った。

11　ITエンジニアとして仕事が支障なく遂行できるレベルの日本語とは、会話力だけでなく、日本語で書かれた仕様書を理解したり、Eメールや書類を日本語で作成したりすることが含まれる。場合によっては仕様書を日本語で作ることも要求される。多くのエンジニアは基本的な会話はできるが、ビジネスで使えるレベルの日本語力を身につけているエンジニアは多くない。高いコミュニケーション能力があっても漢字学習に苦労するエンジニアが多く、書類の読解、翻訳はインドIT企業に所属する専門の通訳・翻訳担当者に回されることが多いが、そうした処理には時間がかかり、誤訳によるトラブルが発生する場合もある。日本のIT関係者のインド人エンジニアの日本語力に関する厳しいコメント例をあげておく。

　「インド人にとって漢字は非常に難しいというのはわかるが、仕様書を書けない技術者などソフトウェアの開発現場では使えない。英語が社内公用語となっている一部の外資系企業でしか役に立たない。」http://it.nikkei.co.jp/business/news/index.aspx?n=MMITzp000025032009&cp=2 より（2009.9.29アクセス）

12　大都市にはインド人学校やインターナショナルスクールがあるが、地方では学校が少なく、子どものことを考えて日本に単身赴任するエンジニアも少なくない。またインド人学校も学年が上がるとクラス人数が減り、競争原理

が働かないことから、インドで教育を受けさせたいと考える人々も少なくない。

第2章
ブリッジエンジニアの職場と仲介

職場の境界線

インドIT企業から日本に派遣されたブリッジエンジニアたち
は、日本に到着するとすぐに顧客企業に移動し、プロジェクトの
期間（数か月から数年間）働くことになる。序章で述べたとおり、
日本におけるシステム開発は、システムを実際に使う企業による
社内開発ではなく、外部のIT企業への委託が主流であり、IT業
界の多重下請け構造の中で顧客企業から仕事を受託する元請け企
業（一次請け）を頂点として、その下に協力会社とよばれる下請
け企業が連なって行われる開発も少なくない。従ってインドIT
企業のブリッジエンジニアたちが働く職場には複数の企業の関係
者が混在している場合もあり、ブリッジエンジニアたちの就労形
態も派遣、請負などさまざまである。

「グレーゾーン」

インドIT企業のエンジニアたちの顧客企業先での就労形態は、
筆者の調査した当時（2008-2011）のプロジェクトではほとんど請
負形態であった。請負と派遣の区別は、勤務先の企業とエンジニ

91

アとの間に「指揮命令関係が生じるかどうか（顧客企業側の正社員の指示を受けるかどうか）」によって判断される。顧客企業先の指示を受けて働くのが派遣であり、派遣労働者が残業を指示された場合は、残業代が支払われる。一方、業務請負では請負側は最終製品、またはサービスに対する対価を受け取り、業務の遂行方法は請負側の裁量に任される。従って、顧客企業側は契約上は請負労働者に直接の指示をすることはできない。しかし、実際の開発現場では前述したように顧客企業の担当者と委託企業のブリッジエンジニアの間で密接に連絡を取り合って開発を進めることが多いため、契約上は請負であっても実際は顧客企業の指揮系統の中で請負形態の社員が働くことも珍しくない。そうした働かせ方は業界では「グレーゾーン」とよばれる。大手インドIT企業の人事担当の木原は「グレーゾーン」は、顧客企業にとっては残業代を支払わずに指示系統の下でエンジニアを使えるため好まれるともコメントする。

　　多くの企業は派遣契約はしたくない。請負にしておけば蟹_{かに}工船_{こうせん}ができる。派遣にしておくと法定労働時間と残業代について払わなければならない。そうすると日本人の技術者を雇うのと変わらなくなってしまう。もし摘発されたら派遣に切り替えるつもり。

　本章ではこうした状況に注意を払いつつ、請負契約のインド企業のエンジニアたちが、実際にはどのような職場環境で働いているのかを三つの事例から分析する。一つ目の事例は、インド企業のエンジニアが顧客企業のエンジニアたちと同じ島型（アイランド型）の座席に座り、顧客企業の指揮管理体制の中に入って働く「一体型」で、二つ目の事例は、多様な就労形態のエンジニアが

混在する「混在型」、そして三つ目の事例は、インドIT企業など外部企業のエンジニアたちが別棟（独立した作業場）で働く「独立型」である。

① 一体型──「私たちは一心同体」

最初の事例は、島型（アイランド型）の座席に顧客企業側の正社員エンジニアと外部のエンジニアが一緒に座る「一体型」である。観察した職場（製造系のIT企業の事務所）では、2名のインドIT企業のエンジニア（AnikとRamesh、どちらも20代中盤）が常駐しており、2名は業務請負で働いているため、本来は顧客企業側の指揮系統には組み込まれないことになっているが、実際には以下の図のように顧客企業の社員たちと同じ島で働き、顧客企業のマネージャー金子の指揮系統の下に置かれている。彼らの労働時間は金子によってチェックされており、他の社員と同じように出退勤の状況を細かくホワイトボードに書くことが求められる。

図2-1　一体型の座席配置

AnikとRameshは、こうした座席配置に長所と短所を見出している。長所は、マネージャーの金子や他の顧客企業側の社員と近接して働くことで、顧客企業の業務、考え方、コミュニケーションの取り方を学ぶことができることである。2人のインドの

職場では、マネージャーがエンジニアたちとは離れた個室で働いていたため、マネージャーに相談する際には、事前に予約を取らなければならず、仕事の効率が悪かったが、日本の顧客企業では日本人のマネージャーにすぐに話しかけられるので実用的だと感じている。また、2人にとって、日本の顧客企業はインドでは遠い存在であり、インドで働いていた時は、コーディングをこなすだけで、誰のために働いているのか具体的なイメージを全くもっておらず、顧客企業の目的も共有できていなかったが、今では顧客企業のメンバーとともに「同じチーム」として働くことで、プロジェクトを成功させるという目標を共有することができている。仕事以外にも、毎月飲み会があり、チームの日本人メンバーとは個人的にも親しくなってきた。

　顧客企業のエンジニアと同じ島型の座席、あるいは近接した座席配置で働く利点は、別の日本企業で働くインド企業のエンジニアたちも述べている。たとえば医療関係のメーカーに常駐しているインド企業のエンジニアは、インドで日本のプロジェクトのために働いていた時は顧客企業の製品に特別な想いを抱いていなかったが、日本に来て顧客企業の開発現場に入り、顧客企業側のエンジニアたちの製品に対する誇りを感じると同時に、彼らの品質への妥協のない姿勢を目の当たりにし、「人の命を預かる仕事をしている」という自覚と誇りをもつようになった。

　一方、一体型の座席配置のデメリットは常に顧客企業と隣り合わせで座ることにより顧客企業の管理下に置かれ、直接行動を見られ、評価対象になることがあげられ、近接で働くことはプレッシャーにもなっている。前述の Anik は、自分の仕事で忙しい時に、マネージャーの金子から担当外の仕事を「今すぐやれ」と言われ、その命令口調にショックを受けていた。本来は請負形態のため、顧客企業の社員からの命令を受けないことになっている

が、現場での顧客企業から出される指令を断ることはできず、労働時間が伸び、夜中まで残業する日々が続いた。Anik は長時間労働により疲弊し、来日初期は泣きながら（インドに）帰りたいと何度も同僚に訴えた。

　また 2 人はオフィスにプライバシーがないことも問題だと感じていた。一体型の座席であるため、オフィスでの日常の行動も観察され、問題行動があると判断されれば直ちに注意される。インドのオフショア開発センターで働いていた時はキュービクルデスク（衝立で囲まれたデスク）に座っており、ある程度のプライバシーが守られていたが、顧客企業先のオフィスでは一切仕切りがなく、自分たちのメールを見られることもあり、携帯電話で友人と話していると注意された。整理整頓も徹底するように指示され、デスクの上はきれいに片づけておかなければならず、家族の写真を置くことも許されない。

　これ以外にも、私語は禁止されており、職場に気軽に人が集まって雑談する場所がなく、リラックスする場所がないことも 2 人のストレスとなっていた。インドでは休みの時間にお茶を飲みながら同僚たちと雑談をすることが日常の楽しみであったが、ここでは雑談が許されるのはフロアの奥の暗い一角にある自動販売機の前だけであり、2 人は建物のその一角を指でさしながら顔をしかめる。周りの日本人社員は一日中デスクに座って集中して仕事をしており、昼ご飯やスナックもデスクで食べている。2 人は最初はこうした職場環境に驚き、異様に感じたが、最近では仕事が多いため、自分たちも次第にデスクでお昼ご飯を食べるようになってきた。

② 混在型──見えない境界線
　上記の一体型の座席配置では、顧客企業側のエンジニアたちと

近接で働くために、顧客企業側から就労時間の管理や、業務命令を直接受けやすい環境にあったが、次の混在型では、状況は少し異なる。混在型ではインド企業のエンジニアたちは顧客企業のエンジニアたちと同じフロアで仕事をしているが、別の島に配置されているため監視はそれほど厳しくない（図2-2）。

　インド企業のArunが働いているのは、ユーザー系のソフトウェアの子会社で、Arunのフロアには、100人ほどの社員がいる。Arunの描いたフロアの配置図によると、フロアの左側は顧客企業の正規雇用のエンジニアによって占められており、正社員と非正規社員の比率は1対2となっている。フロアの中央は日本の下請け業者、そしてArunや他のインドのエンジニアは一番右端の島に配置されている。

図2-2　Arunの座席配置

　Arunはこの図を描く際、顧客企業側のエンジニアの島と下請け企業の島の間に点線を引き、ここには目に見えない線があると言った。この職場の見えない境界線は、座席の配置換えによって発生したもので、以前はArunたちは、顧客企業側のエンジニアたちと一体型の島で座って働いていたため、顧客企業の担当者とすぐ打ち合わせができ、便利だと感じていたが、1年前に外国企業のエンジニアたちのグループは、顧客企業のエンジニアから離

れた島に配置され、顧客企業のエンジニアたちと Arun たちとの間に日本の下請企業のエンジニアたちが入ってきた。Arun が配置換えの理由を顧客企業の親しくしているエンジニアに聞くと、日本語で「輸出規制」だと説明された[1]。Arun はこの配置換えにより、顧客企業側の担当者を遠く感じるようになり、彼らと自分たちの間に入ってきた日本の下請け企業のエンジニアたちを意識して観察するようになった。Arun は日本の下請け企業のエンジニアたちを「協力会社さん」とよぶ。Arun の理解では、「協力会社さん」は顧客企業にとって特別な存在であり、顧客企業と付き合いが長く、顧客企業の子会社の人もいるため、顧客企業とは運命共同体で、インド IT 企業の社員とは「全然違う」、顧客にとって、身内のような人々だと理解している。

　Arun のフロアでは顧客企業側の席との間に距離があるため、最初の事例よりも顧客企業側の管理は厳しくないが、それでもフロア内には暗黙の規範がある。Arun たちは、フレックスタイム制であっても、出社時間は朝 10 時 30 分から 10 時 45 分までの間に来ることがフロアの暗黙の了解となっており、その時間に遅刻しても誰にも文句を言われないが、Arun はフロアから視線を感じる。出社時間が遅いと、「あなた方は朝遅いんだから、夜は一生懸命に仕事をしてね」と間接的なプレッシャーをかけられるときもあり、顧客企業の社員たちのコメントや視線から就労時間の規範を感じ取って行動している。また、請負契約なので労働時間は自分たちで決められるはずであるが、実際には、顧客企業側の担当者から会議を夜に頻繁に設定される。Arun は、顧客企業側のエンジニアたちが残業代のために働いている事情も知っており、彼らの都合で会議が設定されることを仕方がないと思っている。

③ **独立型──ここはインド**

　3番目の事例は、顧客企業のエンジニアと外部企業の社員を完全に分けている「独立型」で、この事例では顧客企業の敷地の中に外部企業専用の建物があり、そこでインドIT企業のエンジニアのグループも働いている。この顧客企業では独立型の作業スペースを用意し、インド企業はスペースの使用料を払う仕組みになっており、こうすることで自分たちと業務請負のエンジニアたちの間に距離を置き、偽装請負とみなされることがないように注意している。そして、万が一問題が指摘された場合に備えて、外注先の企業に対しては必ず派遣免許を持っていることを要求している（請負で何か問題が指摘された場合、すぐにエンジニアを派遣契約に変えられるような体制を取るため）。

　以下の図はインドIT企業のエンジニアたちが働いている別棟のフロア図で左がインドIT企業のエンジニアたち、中央と右に別のプロジェクトを担当している中国企業が入っており、インド企業と競い合っている。インドIT企業の作業場では約30名のエンジニアが働いており、インドIT企業の関係者は、「ここはインド」と形容する。しかし、彼らは完全に顧客企業の指示から

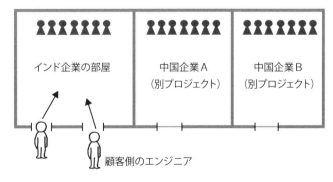

図2-3　独立型の作業場の配置

独立して作業をしているわけではなく、作業場に通じるドアから顧客企業側のエンジニアが頻繁に入ってくるため、このドアはインド企業関係者には日本からインドに入る「どこでもドア」とよばれていた。

　お客さんにとって、ここはすでにインドオフショアなんですよ。ドアを開ければここはインドで、たまたま日本にあるだけ。ここに来て、あれやこれや指示して、自分たちのオフィスに戻るだけ（インド IT 企業の営業のコメント）。

　この独立型の環境は、前述の一体型や混在型に比べて、顧客企業側の監視の度合いが格段に弱く、インド企業のエンジニアたちは部屋で集まって持ち寄ったお弁当をシェアしたり、雑談をする時間もあり、チームとしての仲間意識も高く、職場内の雰囲気はよい。ただし、顧客企業のエンジニアが頻繁に「どこでもドア」からこの部屋に入ってくるため、すぐに対応できる状態にしておかなければならない。プロジェクトに問題が発生すると部屋には緊張が走る。

　また、宿舎から会社のバスで通勤しているため、出勤や遅刻の情報は顧客企業側に伝えられ、問題があれば警告を受け、作業場の清掃を怠ると顧客企業からの苦情がエンジニアたちではなく、直接インド IT 企業の上層部に送られるなど、間接的な管理の対象となっている。加えて、顧客企業では自社の敷地内の外部企業の社員が一目でわかるように、外部企業の社員には所属企業のロゴの入ったジャケットや T シャツを着ることを義務付け、敷地内では外部の社員を目視で区別することができるようになっているため、インド IT 企業のエンジニアたちもインド IT 企業の名前が大きく書かれたシャツとジャケットを着用し、彼らの行動は

観察の対象となる。

　こうした独立型の作業場は、人目に触れない密室状態になるため場合によっては劣悪な就労環境にもなり得る。別のチームの例では、インド人チームが来日してすぐ、日本の顧客企業側の指定で、顧客企業のオフィス近くの小さな賃貸アパートで作業することになったが、アパートの部屋には机と椅子がぎっしりと並べられており、15名のエンジニアたちがその中でひしめくように働いていた。メンバーは20代半ばのエンジニアたちが主で、女性のエンジニアも2名入っていた。部屋は掃除が行き届いておらず、トイレも不衛生な状態であった。プロジェクトでは問題が発生しており、作業は深夜まで続き、女性エンジニア2名は職場環境に耐えかね、2か月後に別の顧客企業のプロジェクトに転出していった。

多重下請けとサバイバル

　インドIT企業のエンジニアたちは、多重下請け構造の中で、日本の元請け企業から仕事を委託されても、実際には元請け企業で働くのではなく、元請けの名刺を持たされて、システムを実際に使う顧客企業で働くというような状況も発生する。Ashokの事例がそれにあたる（図2-4）（Ashokはブリッジエンジニアではな

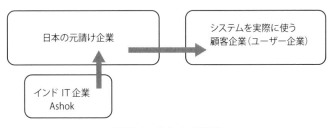

図2-4　Ashokの事例

く、顧客企業先の現場に行き、そこで業務を完成させるオンサイト型の
エンジニアである）。

　Ashok は、筆者と初めて会った時、二つの名刺を見せてくれ
た。一つはインド IT 企業、もう一つは日本の元請け企業の名刺
で、どちらも Ashok の名前が書かれている。Ashok は、元請け
企業の作った名刺を持たされ、元請け企業の社員だと名乗り、シ
ステムを実際に使う顧客企業のオフィスで働いており、元請け企
業からはインド IT 企業所属だということを言わないように指示
されている。Ashok は日本語を話さないため、顧客企業側の関
係者と直接コミュニケーションを取ることはなく、元請け企業が
派遣した通訳を介してコミュニケーションを取っている。

　この状況に Ashok は不満をもっており、元請け企業の通訳が
常に自分を監視し、自分の仕事の手柄はすべて奪い、責任だけ
を自分に擦り付けているように感じている。Ashok の専門とす
る技術は、日本では当時希少価値があったため、来日してからの
待遇はよかったが、元請け企業により次第に Ashok のノウハウ
は吸収されていき、最後には彼の仕事は元請け企業の別のエンジ
ニアによって引き継がれることになり、Ashok は仕事を奪われ、
帰国を余儀なくされた。

　一方、Ashok と同じように日本の元請け企業の名刺を持ちな
がら働くエンジニアでも、仕事の成果を効果的にアピールするこ
とで自分の仕事を維持しているエンジニアもいる。Krishna もま
た元請け企業の名刺を持たされて、システムを実際に使う顧客企
業で働いているが、Krishna の場合は高い日本語力をもっており、
日本語で物おじせずに自己アピールをして、元請け企業、顧客企
業との関係性を構築している。

　次の図は Krishna が書いたもので、顧客企業、元請け企業、
下請け企業間の定期的な打ち合わせの座席表を示している。ここ

では Krishna は元請け企業のメンバーとして座っている。本人はこうした立場に全く抵抗感はなく、むしろ自分をアピールするよい機会であると感じている（図2-5）。

　Krishna は人間関係の構築に熱心で、顧客企業のマネージャーと飲みに行き、自分は本当はインド IT 企業のエンジニアであるが、何かあれば元請け企業が責任を取るので問題ないと伝え、相手の了解を得ており、顧客企業、元請け企業の両方のマネージャーとよい人間関係を築いている。Krishna は現在の環境は学びがあり、今後の転職にも役立つと考えている。

　Ashok も Krishna もインド IT 企業のエンジニアというアイデンティティーを隠して、他社（元請け企業）の名刺を持たされて、顧客企業で働くという意味では共通しているが、二つの事例は、こうした環境をエンジニアたちがどのように捉えるのかは一様ではないことも示しており、Ashok のように職場でのさまざまな境界線を感じ、その中で排除される場合もあれば、Krishna のようにこうした複雑な就労状況を逆にチャンスととらえ、自分を上手にアピールする場合もある。そこには技術力だけでなく、人とつながるソフトスキルが重要な役割を果たしていることもうかがえる。

図2-5　会議での Krishna の座席配置

自己の証明

　請負契約のエンジニアたちは、顧客企業から労働時間の統制や指示を受けないことになっているが、実際には顧客企業との関係性の中で断ることができず、仕事が休日に食い込んでいくケースもある。Vihaan のケースがこれにあたる。

　Vihaan は日本の元請け会社の指示により、日本の銀行での保守のプロジェクトについて1年になる。インドで工学系の大学を卒業した後、就職がうまくいかず、IT インストラクターとして何とか仕事を見つけ、そこで独学で技術を学んだ。その後、転職を重ね、エンジニアとしての経験を積み、やっとのことで日本行きのチャンスをつかみ取った。

　Vihaan は日本での仕事のオファーをもらい、非常に喜んだが、来日してみると日本の企業でのプロジェクトの期間のうち3か月は試用期間で、不適格と判断されれば帰国の可能性もあると知り非常に落胆した。顧客企業の職場では、最初の1か月間は書類の整理だけで、エンジニアとしての仕事がなく、すぐに帰国させられるのではないかと不安で夜も寝られなかった。Vihaan は「自分を証明しなければならない」という思いから、顧客企業先の企業のマネージャーに直談判して積極的に仕事をもらい、マネージャーの信頼を徐々に得ていった。Vihaan のプロジェクトは継続しているものの、自分の立場を安定させるために、顧客企業先のマネージャーの期待にできるだけ応えるようにしており、週末の労働も余儀なくされている。筆者との週末のインタビュー中にも職場から電話がかかってきたが、Vihaan は電話に出て次のように返答していた。

　　土日に働かせないでくださいよ（笑）。パスワードはわか

るでしょう。問題なくログインできますよ。とにかくデータ
センターの人に頼んでログインしてください。簡単です。何
ですか。はいはいはい。スダさんがサポートします。今朝も
電話しました。今、家から電話してるんですか、えらいです
ね（笑）。（原文英語）

　Vihaan は銀行で働き始めたときは、顧客企業側のエンジニア
はほとんど口をきいてくれず、孤独を感じた。職場でリストラが
あり、それがインド人のせいだという噂を立てられ、最初は職場
で居場所がなかった。しかし、頼まれた仕事を嫌な顔をせずに引
き受けているうちに、周りの信頼を得られるようになり、今では
フロアの人々から気軽に声をかけられ、頼りにされるようになっ
た。Vihaan の電話を聞いていても、相手との間に親しさが感じ
られる。Vihaan は自分の仕事について以下のように話す。

　　経費削減のためにインド人は呼ばれたんだ。安い賃金でい
　　ろいろなことができる人材が必要で、その理由で、インド人
　　を呼んで来るんだ。だから、一つの仕事しかできないんじゃ
　　だめで、いろいろできないといけない。インド人はフレキシ
　　ブルで、いろいろなことがこなせるので強い。生き抜くため
　　には自分の能力を示さないとね（原文英語）。

　Vihaan は働きぶりが評価されて、顧客企業先の上司に「君は
他の派遣社員と違って自分の仕事に責任感がある」とほめられ
た。来月には昇給もある。Vihaan は自分の給料が、同じ経験年
数の日本人のエンジニアと比べると安いと知っているが、自分の
実績に自信があるので、仕事がなくなるとは思っていない。

ブリッジエンジニアの仕事上のコミュニケーション

　以上、エンジニアたちの顧客企業の職場における様々な境界線を分析したが、こうした職場環境の中で、エンジニアたちはどのように顧客企業とインドの所属先企業の開発センターをつなぐ仕事をしているのだろうか。ここではインドIT企業と日本の企業をつなぐ連絡役として働く「ブリッジエンジニア」の仕事の概略を示し、経験の浅いブリッジエンジニアの問題点を顧客企業の視点から検討する。

　ブリッジエンジニアは、システム開発を受託する海外企業に所属し、日本企業と海外企業の間の情報の橋渡しを行うシステムエンジニアを指す（吉田　2015）。ブリッジエンジニアは、日本を拠点とする場合と、海外を拠点とする場合があるが、本書は日本を拠点として、顧客企業で働くブリッジエンジニアを分析の対象とする。本書で分析するインドIT企業のブリッジエンジニアたちの位置付けは以下のとおりである（インド企業のエンジニアの中には、技術的な作業のみを担当し、連絡業務に関わらないエンジニアたちもいるが、ここでは連絡業務を担当するブリッジエンジニアに焦点を当てる）。

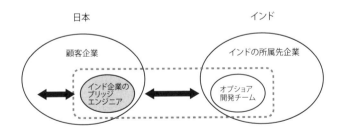

図 2-6　二つの組織におけるブリッジエンジニアの位置付け

ブリッジエンジニアの主な仕事は日本の顧客企業とインドの所属先の IT 企業のオフショア開発センターとの間の情報の橋渡しをすることであるが、それは日本側とインド側の二つの開発現場の単純な情報の授受や情報の交通整理だけに限られない。開発内容の正確な理解が求められ、プロジェクトの進捗状況管理、品質管理にも関わり、問題が発生した際は両者の調整役として機能することが求められる。

　ブリッジエンジニアの開発初期の作業としては、まず日本の顧客企業の担当者から、製品の仕様（機能、性能、動作、満たすべき要件など）を聞き取り、インド企業のオフショアチームに連絡する。次に、仕様で不明瞭な点について、インド側から質問が送られてくるため、ブリッジエンジニアは質問を顧客企業の担当者に伝える。この際、質問は多岐にわたるため、整理して顧客企業に伝えることが期待される。経験を積んだブリッジエンジニアは、インドからの質問をフィルタリングし、優先度の高いものから顧客企業の担当者に質問し、顧客側の負担をできるだけ少なくする。たとえば、ベテランのブリッジエンジニアの Aarav は、インド側から質問が 100 送られてくるとすると、優先順位をつけて、重要度が高いものから 60 程度の質問を顧客企業の担当者に送り、残りは相手の時間があるときに回したり、自分で調べて顧客企業の担当者に確認だけ取るといった工夫をしていると説明する。

　日本の顧客企業の職場に常駐する際、外資系や一部のグローバル化した職場を除いては、基本的に日本語でコミュニケーションを取ることが必要になるため、日本語に堪能なバイリンガルエンジニアが必要とされるが、第 1 章で述べたようにインド IT 企業のエンジニアの多くは、来日前に基礎的な日本語教育を受けるものの、短期間の研修ではビジネスレベルの高度な日本語レベルに到達することは難しく、実際には、日本語、英語、コンピュータ

言語、図解などさまざまな要素を組み合わせて、情報の確認、伝達を行い、顧客企業で働きながら日本語の能力を高めていく。

　ブリッジエンジニアたちは、日本の顧客企業側のエンジニアたちの図解による伝達能力が非常に高いと指摘し、自分たちも絵や図を用いて情報を確認することを学んでいく。ただし、安易な図解の利用は逆に誤解を招く危険性があるので、図解を使う場合は丁寧に確認をしていく。ブリッジエンジニアが顧客企業の担当者と電話で打ち合わせをしている様子を観察したところ、打ち合わせ後に図を作成し、何度も相手にファックスで送って確認を取っている様子が観察された。

　また、コミュニケーションではインド側だけでなく、顧客企業の日本人エンジニアたちによる歩み寄りも行われており、最初は英語を全く話さなかった顧客企業側のエンジニアが英語を用いるように努力し、プロジェクトの最後には英語で基本的なコミュニケーションを行うようになったケースも報告されている。さらに、重要な文書に関しては、インドIT企業の通訳翻訳担当者が翻訳することでブリッジエンジニアたちをアシストする[2]。

経験が浅く、短期で移動するブリッジエンジニア に対する苦情

　上記のようにブリッジエンジニアは顧客企業の仕様情報を聞き取り、海外にある委託企業（自分の所属先企業）に連絡する重要な役割を担うが、経験の浅いブリッジエンジニアの場合、この役割を十分に果たせないこともある。以下、顧客企業側の3人のエンジニア（別府、赤坂、齋藤）のディスカッションから、顧客企業側の担当者たちのブリッジエンジニアに対する期待と不満がどのようなものなのかを検討する。別府たちは、自社の海外拠点で用い

るシステムの開発をインドIT企業に委託しており、インドIT企業側のブリッジエンジニアが別府たちの企業に請負社員として派遣されている。別府は、インドのブリッジエンジニアたちの優秀さについてまず次のように述べる。

> 彼らは非常に優秀で、図表を使って確認し、絶対に言われていないことはやらないで確認する。それが彼らの優秀な点。海外との会議を英語で仕切ってくれるのもありがたい。

しかし、別府たちはブリッジエンジニアたちに対する不満もある。現在抱えている問題は、エンジニアたちの日本語力が十分ではなくコミュニケーションを英語で行わなければならないこと、また、ブリッジエンジニアたちは当然別府が言わなくてもわかっているだろうと思うような基本的なことも言わないと行動せず、自分たちの考えを「察する」ことができないことに不満を感じている。さらに、ブリッジエンジニアが仕事に慣れてきたと思ったら、交代して帰国してしまうため、新しいエンジニアを教育することも負担となっている。別府の同僚の赤坂もブリッジエンジニアに不満をもっており、インド側のオフショアチームからの質問が送られてくる際に、ブリッジエンジニアたちがきちんと整理せずに、すべて自分に送ってくるため対応に追われている。別府も赤坂も海外留学経験がなく、英語を仕事で使用したこともないため、英語で送られてくる細かい質問に対応する時間と手間を負担に感じている。

> 彼らはいつもどうしましょう、どうしたらいいんでしょう、と聞くが、そんなの自分で考えろ！　と言いたい。説明が面倒で面倒で。

別府もまた、インド側が「あんなにたくさん質問したのに、結果はこれだけ」と品質の低さに対して失望を口にする。別府と赤坂はオフショアに仕事を委託することで、空いた時間に他の仕事をするように上司から指示されているが、実際はオフショアの管理で手一杯になるため、他の業務まで手が回らない。こうしたことから、赤坂も別府も将来インドのチームと仕事をしたいかどうかわからないという。

　今後のインドとの協働について、3人のエンジニアたちは次のように述べる。

　　赤坂：価格次第なんじゃない。やっぱり。こういう世の中だから、えっと、日本、インド、中国、アメリカにかかわらず、安ければそこは頑張って使えよってことになると思いますよ。ただ、えっと、現場としてはやっぱり中間に立つ人がしっかりしないとつらいなーっていう感じ。

　　齋藤：安くて、人もつきあいやすいし、優秀だしいいですけど、フレキシブルじゃない。ある程度時間がたってフレキシブルに（自分たちの意図を理解して気が利かせられるように）なると、いなくなっちゃう。また定期的に気を利かせる教育をしなきゃなんないのが一番つらい。コミュニケーションを確立する余分な手間がかかる。そこをクリアできれば。

　　別府：オフショアとの間にはギャップがあり、自分たちが積極的にコミットして、オフショアをコントロールするか、誰かインド側のマネージャーが間に入ってギャップを埋めること。それができなければ、部品の一部と

して使うしかない。

　3人の日本人のエンジニアの話からは、指示をすべて可視化、言語化することの負担感が表れており、ブリッジエンジニアが間に入って情報を管理し、「気を利かせる」ことが期待されている。この顧客企業で働く日本人マネージャーは、正社員エンジニアが長時間労働で疲弊しており、開発に変更や追加があっても、記録したり、確認したりする時間がないことから、関係者だけが知っている可視化されない情報（暗黙知）が蓄積されやすいこともこうした問題の一因になっていると述べる。こうした企業内で生じる暗黙知の問題は前述の吉田（2015）とも共通しており、外部から来るブリッジエンジニアは注意深く情報を可視化することが求められる。

仲介と学習

　前述のインド企業のブリッジエンジニアたちは、経験が浅く、慣れてくると交代してしまうという問題を日本の顧客企業側のエンジニアたちが指摘していたが、経験を積んだブリッジエンジニアたちは2国間の組織の仲介をする際にどのようなノウハウがあり、それを新しく着任するブリッジエンジニアにどのように伝えていくのだろうか。
　このセクションでは、経験の長いインド企業のブリッジエンジニアたちが作成した引継ぎメモの分析を通じて彼らがどのような点に注意して仲介を行っているのかを分析する。分析の対象とする引継ぎメモは、大手インドIT企業に所属し、日本でブリッジエンジニアとして数年間働いた経験をもつエンジニアたちが作成したもので、インド企業から派遣されてくる新任のブリッジエン

ジニアへの仕事のインフォーマルな引継ぎに使われてきたもので
ある（以下、引継ぎメモと呼ぶ）。

　引継ぎメモには日本への移動と就労に関してさまざまな留意点
や説明が書かれており、入国手続き、生活上の注意、日本文化一
般に関する情報とマナー、日本語の挨拶表現、顧客企業への対
応、インド側との対応など、そのトピックは多岐にわたる。経験
のあるブリッジエンジニアでこのメモを引き継いだエンジニア
Manish は、次のように述べる。

　　　技術的なことは現場に入れば学べる。でも、人との対応が
　　　一番難しい（原文英語）。

　引継ぎメモにはこうした点が反映されており、技術的なことは
含まれていない。このセクションではメモのトピックのうち、仕
事の仲介に関係する項目（顧客企業への対応、インド側への対応）に
焦点を当てて分析する。

　引継ぎメモの内容に関しては、メモを先輩から引き継ぎ、自身
もブリッジエンジニアとしての経験を積んできた Manish に内容
を確認し、筆者が説明を加筆するとともに、具体例の聞き取りを
行った。また他の３社のインド IT 企業のブリッジエンジニアに
も意見を聞き、メモで取り上げられている項目に関連する情報や
具体例の聞き取りを行った。分析するメモの項目は次のとおりで
ある。

【引継ぎメモの分析項目】
①二つの組織の開発スタイルの違いに注意すること
②顧客企業の要望を徹底的に聞き取ること
③顧客企業とインドとの健全なバランスを取ること

④顧客企業の担当者の属人的仕事に注意すること
⑤センシティブな案件にはデータを準備すること
⑥トラブル時に感情をコントロールすること
⑦顧客企業の敷地内で不審な行動をしないこと
⑧インド側からの情報を引き出すために知恵を絞ること
⑨インド側に依頼するときは個人的な味付けをすること
⑩所属組織のヒエラルキーを守ること
⑪インド側の弱みをそのまま顧客企業に伝えないこと

　この引き継ぎメモは、特定の職場で働くエンジニアたちの経験をベースとしており、ここにあげられた項目を一般化することを意図するものではない。ここではブリッジエンジニアが顧客、インドのオフショア開発センターとの仲介（情報の橋渡しと交渉）をするうえで、どのような点に苦労しているのか、その一環を知るうえで参考になればと考える。

① 二つの組織の開発スタイルの違いに注意すること

　引継ぎメモではまず、日本とインドの企業の開発スタイルの違いを十分に踏まえるように書かれており、日本のシステム開発が関係者間での打ち合わせによって仕様を固めていく「話し合い型」であるのに対し、自社（インド側）の開発スタイルは最初から明確な仕様があることを前提として工程順に進んでいく方法を取るため（ウォーターフォール型）、顧客企業と自社の開発スタイルの違いをよく意識するように書かれている。そして、顧客企業に仕様の変更などを依頼されても、インド側でできること、できないことを相手に理解してもらい、相手の期待値をコントロールすることが大切であるとアドバイスしている。
　開発スタイルの違いに関しては序章であげた戎谷（2014）で指

摘されている点と共通しており、メモを作成したベテランのブリッジエンジニアたちは新任のブリッジエンジニアに対してまず開発スタイルの違いを意識するように確認している。

② 顧客企業の要望を徹底的に聞き取ること

引継ぎメモではさらにブリッジエンジニアが顧客企業の要望を詳しく聞き取ることに時間をかけるようにアドバイスしている。

> 顧客企業の要求を聞き出すのはブリッジエンジニアの仕事であり、インド側は顧客企業の情報に関して、ブリッジエンジニアに完全に依存している。ブリッジエンジニアは思い込みを排除して、すべての情報をインドに送る必要がある（ブリッジエンジニアの引継ぎメモから）。

メモの作成に関わった Manish は、自分の失敗体験として、過去に顧客企業側から得た情報に不明な点があったが、顧客企業の担当者が多忙で確認しづらかったため、自分で想像して不明な部分を埋めてインド側に送ったところ後で大きなトラブルになったと振り返り、ブリッジエンジニアは自分の思い込みを排除して情報の橋渡しを行うことが非常に重要であると述べる。また、インド側に情報を送ったあとも、オフショアチームの中で情報が行きわたらず、仕様変更連絡がインド側で見過ごされることもあったため、インド側のすべてのメンバーが情報を受け取り、理解したかどうか確認を取ることも重要であると述べる。

③ 顧客企業とインドとの健全なバランスを取ること

引継ぎメモはまたブリッジエンジニアが顧客企業とインド側との「健全なバランス」を取ることの重要性を強調する。Manish

は、健全なバランスとは、ブリッジエンジニアが顧客企業、イン
ド側のどちらにも肩入れしすぎないことだと説明する。Manish
はブリッジエンジニアとして5年の経験をもち、現在は営業を担
当しているが、ブリッジエンジニアとしての仕事を振り返り、次
のように説明する。

　Manish が来日した当初、顧客企業のエンジニアやスタッフに
非常に丁寧に指導してもらい、相手の仕事ぶりに感心すると同時
に、親近感をもち、顧客企業のために役に立ちたいと感じるよう
になったという。近接距離で働くことにより生まれる顧客企業へ
の親近感は、Manish だけでなく他のブリッジエンジニアからも
あげられた。彼らにとって顧客企業の担当者からインド側の代表
として扱われることは誇らしくもあり、また、顧客企業との距離
が近いために相手の要求を断れないという状況も発生する。この
点に関して、引継ぎメモには以下のように記されている。

　　　日本では対面でのインタラクションが非常に重視される。
　　顧客企業側はすべてブリッジエンジニアと相談することを望
　　み、インドにいるオフショアチームとは話したがらない。彼
　　らは電話やビデオ会議はやりにくいと感じており、ブリッジ
　　エンジニアが最終的なオフショアの代表であることを望む。
　　ブリッジエンジニアは、顧客企業の要求に対して、インド側
　　の限界を理解し、交渉しなければならない（ブリッジエンジニ
　　アの引継ぎメモから）。

　顧客企業の担当者とともに働くブリッジエンジニアにとって、
相手からの依頼や要求を断ることは簡単ではない。
　顧客企業がインドとのオフショア開発においてよくあげられる
注意点として、インド側のエンジニアの使う「OK」という表現

がある。しばしば、文化的な観点から、第1章の営業の高田の説明のようにインド文化では顧客に対して「NO」と言うことができないので、実際にはできないことでも安請け合いすることがあり、要注意であるといった説明がなされるが、Upadhya（2006）はインド人エンジニアの働き方の問題を単純にインドの文化として片づけることは、顧客企業との間の権力関係を覆い隠してしまうと指摘する。顧客企業側が強く要求を突きつける場合、サービスを提供する企業として、拒否することは難しい。引継ぎメモでは、そうした顧客企業との距離の近さがもたらす影響を踏まえて、ブリッジエンジニアが行動するようにアドバイスしている。たとえば Manish がブリッジエンジニアとして着任して半年がたち、だんだんと仕事に慣れてきて自信が出てきた時期に、顧客企業からの要求をインドのオフショアチームに相談なく引き受けてしまい、あとで大きな負担をインド側にかけてしまったと振り返る。ある日 Manish は顧客企業側から仕様に新しい機能を追加したいという強い要望を出され、できるかどうか即答を迫られた際、本来はその場では返答せず、インド側のチームと相談すべきであったが、当時は顧客企業からの期待に応えたいという気持ちと、できるという自信があったことから、自分の考えだけで引き受けてしまい、インドのオフショアチームに多大な負担をかけ、インド側との関係が悪くなってしまった。

　この経験から Manish は、それ以来顧客企業から強い要望が出されても、それに即答せずにどのようにふるまったらよいのか先輩、同僚、そして顧客企業で親しくなったエンジニアから学び、顧客企業側の担当者に以前よりも慎重に返事をするようになった。例えば、開発の途中でいくつかの機能を追加したいという顧客企業の要求に対しては、その機能がなぜ必要なのかを詳しく聞き出し、変更項目の中でどの項目が重要なのか顧客企業に優先順

位をつけてもらうようにした。また、変更する場合の影響を相手に説明し、現実的な制約を伝えたうえで交渉するようにした。別のブリッジエンジニアもまた、顧客企業の期待に応えたいと思い、最初の頃は相手の要求に対応していたところ、相手側の要求がどんどんエスカレートしてしまい、無理をして顧客企業の要求を聞き入れても、相手に当然だと思われるようになってしまったため相手との距離が近すぎることの弊害を意識し、それ以降、顧客企業と適切な距離を取り、交渉することを学んだと述べる。

④ 顧客企業の担当者の属人的仕事に注意すること

引継ぎメモにはさらに顧客企業のエンジニアたちに過剰な期待を抱かせないように、顧客企業に必要に応じてインド側の状況やキャリア観の違いを説明するようにアドバイスをしている。メモでは顧客企業の仕事ぶりを「属人的 (people-dependent)」とよび、以下のように説明する。

　　顧客企業は社内での移動が少なく、属人的な仕事をするため、インド側の人員に対しても属人的な働き方を求める。顧客企業はインドチーム内のベテランから解決法を学ぶことを求めるが、インド側ではベテランが既に去っていて、いないかもしれないということが理解できない。顧客企業はブリッジエンジニアが変わることも嫌がる（ブリッジエンジニアの引継ぎメモから）。

引継ぎメモの「属人的な働き方」とは、日本の顧客企業において行われてきた長期雇用を前提とした正社員エンジニアの働き方を指し、顧客企業で同じ製品の開発に長年取り組んできた正社員エンジニアたちと仕事をする際の注意点としてあげられている。

日本の顧客企業側のベテランのエンジニアと、インドIT企業の若手のエンジニアたちの間には知識や経験に大きな差があり、ベテランのエンジニアにとっては当然のことで説明する必要がないと思っていることも、来日したばかりのインド側のブリッジエンジニアには詳しく説明することが必要となり、それが顧客企業側のエンジニアにとっては大きな負担となる。この引継ぎメモを読んだ元ブリッジエンジニアで、現在はインドでプロジェクトマネージャーとして働いている Rahul は以下のように述べる。

> インド側のブリッジエンジニアは、2、3年の経験しかありません。顧客企業では、ベテランのエンジニアを次世代の製品の開発に携わらせたいと考えていますが、彼らはブリッジエンジニアに仕様を説明するのに非常に時間を取られていて、それ以外の仕事ができません。彼らは（インド向けに）詳しい文書を作り、オフショアからの細かい質問に答えなければならないから。オフショアの受け入れテストも多くの時間がかかっています（原文英語）。

こうした点は前述の顧客企業のエンジニア（別府、赤坂、齋藤）から出された「説明が面倒で面倒で」、「あんなにたくさん質問したのに、結果はこれだけ」、「ある程度時間がたってコミュニケーションができるようになると、いなくなっちゃう。また定期的に気を利かせる教育をしなきゃなんないのが一番つらい」といった負担感と共通している。状況の苦しさについて、ブリッジエンジニアの一人は次のように述べる。

> 自分は27歳で、顧客企業側の担当者は40歳です。自分たち（インド側）のチームのリーダーでさえ37歳です。違いが

あるんです。顧客企業のエンジニアは同じ製品に長年関わっています。相手もそのことはわかっています。でも、担当者は時々、本当にいらいらします。私が理解できなくて、質問をすると嫌そうにします。いつも忙しくて、私に説明する時間がありません（原文英語）。

引継ぎメモは、顧客企業側のベテランのエンジニアたちとインドIT企業の若い世代のエンジニアたちとの間の知識の差は、インド側のエンジニアたちの離職率の高さも関係しており、知識がインド側で蓄積されないことが、顧客企業側に理解されないためブリッジエンジニアは、担当者の苛立ちに対応することも求められるとしている。

⑤ センシティブな案件にはデータを準備すること

引継ぎメモではまた、プロジェクトで問題が発生したときの対処法として、相手企業の担当者に会う前にきちんとデータを準備して、相手の詰問に対応できるようにすることをアドバイスしている。

　　　日本の顧客企業はデータを重視する。従って、センシティブな案件を話し合う際は、顧客企業に接触する前にすべてのデータを集めておくこと（ブリッジエンジニアの引継ぎメモから）。

ここでのセンシティブな案件とは、トラブルの起きているプロジェクトを指す。引継ぎメモに関してRajeepは、自分のプロジェクトの失敗体験を例にあげる。Rajeepは顧客企業先のオフィスでいくつかのプロジェクトを担当しているが、その中で最も厳

しい交渉相手が顧客企業側のプロジェクトマネージャーの小田である。小田は、プロジェクトの品質や納期の遅れなど問題が生じると、インド側が何か問題を隠しているのではないかと疑い徹底的にRajeepを問い詰める。このため、小田に状況を報告する際、Rajeepはあらかじめ聞かれる質問を想定して準備する。

　　（トラブルが発生した時）小田さんはたくさんの質問をして、徹底的に私を追求する。自分が事前に準備しておかなければ、そして論理的にそれを小田さんに説明できなければ、小田さんはキレる。だから、彼が知りたいことをあらかじめ考えておいて、それに備えることが非常に重要。そのためには自分の説明を裏付ける証拠を準備しておくことが大切。なぜなら、小田さん自身のためにも説得力のある説明が必要だから。小田さんが彼の上司に説明するとき、私の説明、言い訳が論理的であれば、小田さんもそれを上司に使えるから（原文英語）。

⑥ トラブル時に感情をコントロールすること

　ITのシステム開発プロジェクトは、成功は3割で残りの7割は失敗などと言われるが[3]、顧客企業を納期、コスト、品質などすべての面で満足させることは難しく、顧客企業側から開発側に苦情や不満が出される。オフショア開発の場合、地理的に離れた組織間の協働作業の難しさも加わるため、トラブルが発生することは珍しくない。ブリッジエンジニアたちに、プロジェクトにおいて、相手の担当者に怒鳴られたり、文句を言われたりしたことがあるか聞いたところ、ほとんどのエンジニアが自分、または同僚がそうしたことを経験していると答えた。前述のRajeepは、オンサイトにいる人間は、トラブルが起きた際や、相手が疲れて

イライラしている際には、不満や苦情、感情のはけ口になり罵倒されることもあるので、冷静に対応しなければならないと述べる。

　　相手は顧客だから（どんなに責められても）怒ってはいけない。冷静に穏やかな表情をすること。これしかない。顧客はお金を払っているんだから（原文英語）。

　ブリッジエンジニアたちがサービス提供者として、自らの感情をコントロールすることは、広義の意味での「感情労働」（emotional labor）の範疇に入る。感情労働とは、サービス業などにおいて、顧客の満足度を向上させるために自己の感情を抑制して、企業から望ましいとされる行動を取ることを意味し（Hochschild 1983）、サービス業での笑顔での接客が例としてあげられるが、ブリッジエンジニアが自分の感情を抑えて、顧客の苦情に対応する行為もまた、広義の意味で感情労働として捉えられるだろう。
　エンジニアたちからは顧客側からの苦情やののしりにショックを受けたさまざまな例があげられた。ブリッジエンジニアとして1年目のPanditaは顧客の感情のはけ口になってしまったエンジニアの一人である。Panditaが来日してすぐに担当したプロジェクトでバグが多発し、スケジュールが大きく遅れていたため、顧客企業側のマネージャーが激怒し、毎日プロジェクトルームに来て新人のブリッジエンジニアのPanditaを怒鳴った。Panditaは来日間もないこともあり、相手の日本語がよくわからないまま、叱責をひたすら受け止めるしかなく、家に帰ってから毎晩プロジェクトが無事に終わることを祈った。普段は親切で丁寧な顧客企業の担当者の態度がトラブルによって豹変することにショック

を受けたエンジニアもいる。ブリッジエンジニアたちがあげた顧客側の言葉には、「嘘つき」、「できると言ったくせに」、「お前の会社は信じない」、「他の人呼んで」などさまざまなものがあった。

　トラブル発生により、顧客側の怒りが爆発し、ブリッジエンジニア個人の人格を否定するような言動も投げかけられる。中には大勢の人々が働くフロアで罵声を浴びせられ続け、ショックと屈辱でしばらく自分の席に戻れなかったと話すエンジニアもいた。また、相手の攻撃があまりにもひどかったために「犬のように扱われた」と述べるエンジニアもいた。

　エンジニアたちに顧客からの個人攻撃や感情的な非難に対してどのように対処しているのか聞いたところ、その場からしばらく席を外すこと、距離を置いて冷静になること、信頼できる相手に相談することなどがあげられた。あるエンジニアは、相手との話し合いの途中で立ち上がり会社の外に出て、すぐに自分の所属するインドIT企業の日本支店の支店長に電話を入れ、支店長が顧客企業の上層部に連絡し、後日相手側と和解し、お互いに謝ったという。また、顧客企業側の社員でいつも親切にしてくれる日本人に相談し、相手とどのように話したらよいのか対応方法を学んで、問題を解決したエンジニアもおり、別の事例では、同じ顧客企業で働き、日本語が上手な韓国人エンジニアに相談し、仲裁をしてもらうという方法をとっているエンジニアもいた。これらの事例から、相手と距離を置くことと、相談のネットワークをもっておくことでこうした状況に対応していることがわかる。

　⑦ **顧客企業の敷地内で不審な行動をしないこと**

　また、引継ぎメモでは顧客企業の敷地内での行動についてもアドバイスが書かれている。

顧客企業の敷地内では、許可された場所のみで仕事を行い、顧客企業の敷地をむやみにうろうろしてはいけない（ブリッジエンジニアの引継ぎメモから）。

　これは本章の前半で分析したブリッジエンジアたちの顧客企業先での就労環境の境界線と関係している。ブリッジエンジニアたちは顧客企業の敷地内で自由に歩き回れるわけではなく、前述のように外注企業の労働者がすぐに区別できるように、所属企業名入りのジャケットやジャンパーを着て歩くことを義務付けている顧客企業もあり、また、海外企業関係者は立ち入れないゾーンが設定されている場合もある。たとえば、ブリッジエンジニアSudeep の職場では、顧客企業の建物内の特定のゾーンには、日本の下請け業者は入室を許可されているが、外国ベンダーは許可が必要とされ、入る際には常に顧客企業側の正社員が同行する規則になっている。事例分析の中の「混在型」の職場の例でも輸出規制を理由に顧客企業と海外企業の従業員との間に距離が置かれていた。
　こうした顧客企業内の敷地内での行動の監視について、引継ぎメモでは次のようにアドバイスしている。

　　あなたの行動は日本の顧客企業から観察されているが、顧客側はそれを面と向かっては言わない。問題は公的なルートを通じて後で通告されるため、相手の様子を真に受けず、正式な方法で謝ること（ブリッジエンジニアの引継ぎメモから）。

　こうした行動規範は、日常の行動にも及んでおり、ゴミや清掃などの規則に従わないと問題になると引継ぎメモはアドバイスし、顧客企業では規則が集団の合意のうえに作られており、それ

122

を守ることが義務付けられていると説明する。

　　（日本の企業では）規則は状況の綿密な分析と合意の上に作られ、全員が規則にしたがうことが求められる。これには掃除や電子レンジの使い方、デスクの整頓など細かなことも含まれる。作業部屋を清潔にし、ごみのルールを守ることは必須である（ブリッジエンジニアの引継ぎメモから）。

　実際にインドIT企業のエンジニアたちは前述の「独立型」の職場で、清掃をきちんと行わなかったため、インドIT企業の上層部にまで細かい苦情が送られており、規則に従わないことが開発委託企業としてマイナス評価につながることもある。これと関連して、引継ぎメモではエンジニアが「顧客の前では相手が理解できない言語を使うべきではない」と述べている。これは顧客に猜疑心を抱かせないためで、顧客たちにとって、自分たちにわからない言葉で相手が何か話し始めた場合、相手に隠しごとがあったり、不平不満を言っているのではないかという疑念をもたれる可能性があるからである。引継ぎメモは、また、生活空間においても大声で話したり笑ったりすることは避けなければならないとし、ルールを守らないと警察を呼ばれることもあると書かれている。こうした生活環境における規範の違いから発生する問題は第3章における生活者としてのエンジニアの仲介活動と連動している。

⑧ インド側からの情報を引き出すために知恵を絞ること
　ブリッジエンジニアにとって、顧客企業とのコミュニケーションとともに重要なのが、彼らの所属するインド企業のオフショア開発センターとのコミュニケーションである。引継ぎメモには次

のようにアドバイスが書かれている。

　　ブリッジエンジニアは、オフショアチームから必要な情報
　　をすべて引き出すために賢く振舞わなければならない。オフ
　　ショアチームは、問題や状況の詳細を隠すことがあるから
　　（ブリッジエンジニアの引継ぎメモから）。

　この引継ぎメモの中の「賢くふるまわなければならない」とい
うアドバイス、そしてインド側のオフショアチームが「問題や状
況の詳細を隠す」とはどのような意味なのであろうか。
　ブリッジエンジニアたちはインドの企業に所属しているため、
自社の開発状況はよく把握しているのではないかと思われるが、
インド側のオフショアチームがすべての情報をブリッジエンジニ
アに伝えるとは限らず、納期の直前になって問題が発覚する場
合もある。ベテランのインド人ブリッジエンジニア Narayan は、
インド IT 企業に所属していても、オンサイトからオフショアの
状況が見えるわけではなく、情報が現地の開発チーム内で統制さ
れている場合、「スパイでもいなければ、情報はこちら（日本側）
に入ってきません」と述べる。
　こうしたオンサイトとオフショアの間の境界線は、顧客企業へ
の細かい進捗状況報告を嫌うインド側の考え方とも関係する。顧
客企業からの細かい進捗状況報告の要求は、「過干渉」「マイクロ
マネージメント」として否定的に受け止められている。たとえ
ば、インドの開発センターのプロジェクトマネージャーとして働
く Jalal は、日本の顧客企業のプロジェクトでスケジュールに遅
れが発生した際、顧客企業側から細かい進捗状況を報告するよう
に求められたことに反発して「月曜日、火曜日、水曜日、毎日毎
日何をするか記述する。アメリカの顧客企業なら 1 枚だけで済む

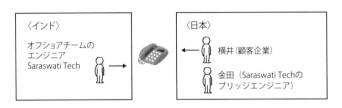

図2-7　オンサイトとオフショアの電話会議

のに」と不満を述べる。しかし、顧客側の視点から見れば、開発
をインドのオフショアチームに丸投げにしておくと、プロジェク
トの問題点の発見が遅れ、プロジェクトが失敗する確率が高くな
るという懸念がある。このため、ブリッジエンジニアの引継ぎメ
モでは、オフショアチーム側の抵抗感に理解を示しつつ、上手に
インド側の情報を引き出すために知恵を絞ることが必要であると
アドバイスしている。

　ブリッジエンジニアは、こうした点を踏まえてどのようにイン
ド側の進捗状況をチェックするのだろうか。以下、実際のやりと
りを分析する。インドの Saraswati Tech のブリッジエンジニア
金田は、入社して3年目で、インドでの勤務経験もある（このイン
ド IT 企業では、インドからブリッジエンジニアを派遣することがほ
とんどであるが、日本人のブリッジエンジニアも少数ながら雇用してい
る）。しかし、最近、金田の担当するプロジェクトはスケジュー
ルが遅れており、インド側からの情報もこちらから働きかけない
限り入ってこない。顧客企業側はスケジュールの遅れを心配して
いるが、オフショアチーム側はのんびりしており、両者の温度差
が気になっている。次の会話では金田が、オフショアチームとの
進捗状況の打ち合わせを顧客企業の横井と行っている。

　電話会議が始まる前に、金田と顧客企業側のエンジニアの横井
がインド企業のオフショアチームから送られてきたステータスレ

ポートを見て話し合っている。インドからのレポートには、各タスクの進行状況が「完了」あるいは「未完了」で表示されている（以下の会話の BE はブリッジエンジニアを指す）。

　　　横井（顧客）：（ステータスレポートを読みながら）これは？
　　　金田（BE）　：向こう（オフショア）ではテストまでは終わっ
　　　　　　　　　　てるとは言うんですけど……。
　　　横井（顧客）：バリデーションプランとは違う？
　　　金田（BE）　：はい。これはレジェクト、これもレジェクト。
　　　　　　　　　　印の付いていないのが遅れていないものです。
　　　横井（顧客）：これはもうレジェクトされているの？
　　　　　　　　　　向こうが完了したと言っているのがレジェク
　　　　　　　　　　トされてる。
　　　　　　　　　　向こうではコンプリートってなっているにも
　　　　　　　　　　関わらず、こっちには届いていない。これ全
　　　　　　　　　　部レジェクトじゃない（苦笑い）。この OK っ
　　　　　　　　　　てどういう意味？
　　　金田（BE）　：（説明）
　　　横井（顧客）：これ、全部レジェクトされたって伝えた？
　　　金田（BE）　：はい、伝えました。

　金田は、この部分に関して、「だいたい向こうの進捗報告は信用できないので、電話会議は実際どうなの、ってことを聞く場です」と述べており、引継ぎメモの「ブリッジエンジニアはインド側の情報を引き出すために知恵を絞ること」、という項目と関連している。この会話の後、金田と横井はインド側のオフショア開発センターのマネージャー２名との国際電話会議を始める。以下、日本側とインド側との会話である（原語は英語）。

金田（BE）　：状況を確認します。まずこれ。「完了」になっているけどレジェクトされています。

インド側　：なぜそちらではレジェクトなのか教えてもらえますか。（X）に問題がありますか。

金田（BE）　：（中略）あなた方はこのレポートの問題に気づかなかったということですか。それともこれで「完了」だと思ったんでしょうか？（1）

インド側　：私たちの環境では実際 X は基本的に大丈夫だったんで……（2）

金田（BE）　：詳しいレポートを送ります。

インド側　：わかりました。もし本当に欠陥があれば一日かそこらで直せます。そちらに送ります。（3）

横井（顧客）：来週の月曜日までに送るっていうことですか。（4）

インド側　：はい、はい、月曜日に。

横井（顧客）：じゃあ、この部分は完成、来週までですね？（5）

インド側　：ええ、たぶん。もし A だったら、一日で終わらせられますので送ります。もし B だったら、週末までに送ります。

横井（顧客）：来週ですね。1 月 10 日？　そうですか？（6）

インド側　：はい。

横井（顧客）：わかりました。じゃあ 10 日でいいです。その後で（日本の）オンサイトチームでチェックします。わかりました。（7）

金田（BE）　：次に行きましょう。

ブリッジエンジニアの金田は、インドのオフショア開発セン

ター側がきちんと検証したかどうか疑問に思っているが（1）、インド側は基本的に問題ないと答えており（2）、一日で直すことを約束している（3）。日本の顧客企業側のエンジニアである横井は「月曜日までに」と締切りを明確にし、日付を具体的にあげて確認している（4-7）。

　会議の後、金田は大切なことは相手を責めることではなく、歩み寄ることだと述べる。そして、メールでは一方的になるため、歩み寄りのために常に電話でコミュニケーションを取り、そこには顧客企業側の担当者も同席してもらうことでオフショアとのコミュニケーションをできるかぎり顧客企業と共有している。インタビューした他のブリッジエンジニアたちも金田と同様にインドのオフショア開発センター側を責めてプレッシャーをかけるよりも、自分も協力の姿勢を示すことが大事だと述べる。ブリッジエンジニアたちは、顧客企業側のマイクロマネージメントに対するインド側の反発や抵抗感をよく理解しており、顧客企業側の要求する報告書のフォームを顧客企業の了承を得て簡略化したり、インド側とフォーマットについてあらかじめ相談するなど、インド側の負担に配慮しており、引継ぎメモのアドバイスにあったように、オフショアとのコミュニケーションに彼らなりに工夫し、配慮していることがうかがえた。

⑨ インド側に依頼するときは個人的な味付けをすること

　前述のオフショアとの関係性と関連して、ブリッジエンジニアがインドのオフショア開発センターを動かすためには、依頼の仕方に工夫をする必要があるというコメントが引継ぎメモを見たエンジニア Kabir から出された。5年の経験をもつインドのブリッジエンジニア Kabir は自分のオフショアとの接し方を振り返り、失敗から学んだことを次のように述べる。

交渉術を身につけないとね。オフショアチームをどうやって扱うのか。協力が得られない場合は、他の方法を見つけないと（原文英語）。

Kabir がブリッジエンジニアとして初めて担当したプロジェクトでは、スケジュールが大幅に遅延しており、Kabir がインド側の開発担当者に顧客企業の怒りをそのままぶちまけて怒ったところ、インドオフショアチームのマネージャーとの関係を悪くしてしまい、その後の仕事が非常にやりにくくなってしまった。この経験から Kabir はそれ以降、インド側との連絡には細心の注意を払うようになり、相手に負担の大きい依頼をするときは、顧客企業の担当者が個人的にどうしてもそれを必要としているということを熱心に伝えるようにした。

たとえばインドのオフショアチームを説得して顧客企業の要求どおり作ってもらうための方法として、"personally" という表現をよく使う。「（顧客企業の）田中さんが個人的に（personally）〜をほしがっている」というような言い方をすることで、顧客企業の担当者の強い要望であることを伝える。インド企業のオフショアチームは、顧客企業との距離感があるため、少しでも顧客企業の担当者の顔が見えるような形で、依頼に味付けをして、相手が「個人的に」この仕事に感謝していることを示すとよいと述べる。

交渉に味付けをしないと。顧客が個人的にこの機能を欲しがっていて、重要なんだと。オフショアの状況を見て、相手の気持ちを理解して、調整しないと。インドにいるときはこういうことが重要だとわからなかったけど、いまははっきり

とわかる（Kabir のコメント、原文英語）。

　こうした依頼以外にも、ブリッジエンジニアたちは、インドの
オフショアチームとの衝突を回避するために問題を予測して、対
策を取ることもある。ブリッジエンジニアの Rishi は、顧客企業
からの期限をインドのオフショアチームに提示する際は常にバッ
ファ期間を設けておき、本来の締め切りよりも 1 週間早く締め切
りを設定することでスケジュールの遅延を調整している。同時
に、Rishi は、こうしたバッファを設けることで、スケジュール
の遅れを許容することが常態化すると、インドのチームに締め切
りの意識が欠落してしまうので、時にはバッファを設けること
を中止し、締め切りに責任をもたせるような教育も行っている。
Rishi は、インドのチームとの連絡で大切なことは、若い世代の
エンジニアたちに顧客企業の仕事の進め方や考え方を学ばせ、育
てながら、プロジェクトを成功に導くことだと述べる。

⑩ 所属組織のヒエラルキーを守ること

　前述のように、ブリッジエンジニアたちは、顧客企業側からイ
ンドのオフショアチームの代表として扱われ、顧客企業の要求を
インド側に伝える役割を担う。このため、インド側のプロジェク
トマネージャーや開発メンバーから見ると、ブリッジエンジニア
が威張っているように感じられることもある。この点を引継ぎメ
モは以下のように述べている。

　　オフショアのプロジェクトリーダーやプロジェクトマネー
　　ジャーはブリッジエンジニアが自分たちの提案を無視し、顧
　　客ぶっていると受け取る場合があり、これにより衝突が発生
　　することがある（ブリッジエンジニアの引継ぎメモから）。

実際に顧客企業の意向を受けて、ブリッジエンジニアがインドのオフショアチーム側に強く要求しすぎたために、インド側のマネージャーやチームのメンバーから反発を受け、プロジェクトがうまく進まなくなってしまった例がエンジニアたちからあげられた。インドIT企業所属のエンジニアにとって、自社のマネージャーの評価は、昇進、昇給にも影響するため、顧客企業とインドのオフショアチームとの間に入って双方のバランスを取ることが重要となる（この点は引継ぎメモの③「顧客企業とインドとの健全なバランスを取る」というアドバイスにつながる）。ブリッジエンジニアたちは、インドのオフショアチームの情報を収集し、何か隠していることがないか探り、顧客企業に情報を伝える必要があるが、同時にインドのオフショアチームの組織的なヒエラルキーに従って行動することも必要とされる。

⑪ インド側の弱みをそのまま顧客企業に伝えないこと

　また、引継ぎメモはインドの開発メンバーの離職情報について、顧客企業にはオフショアチームのメンバーが他のプロジェクトに移るかもしれないことは説明すべきだが、転職率の高さなど重要な情報を伝えるべきではないとアドバイスしている。

　顧客企業は日本で働いた経験のあるブリッジエンジニアたちが帰国することで、オフショアチームにノウハウを提供し、時間の経過とともにオフショアのメンバーが自律的に動けるようになることを期待するが、実際にはオフショア側のエンジニアの離職率は高く、日本の年功序列の雇用を前提として仕事をする社員（特にベテランの「属人的仕事をする」社員）にネガティブな印象を与えることは顧客企業の「属人的な仕事」の項目でも述べた通りである。このため引継ぎメモには「顧客企業側から聞かれない限り、

オフショアのプロジェクトメンバーの離職についてオープンには話さないように」と書かれている。こうした点に関してブリッジエンジニアの Sriram も同意し、以下のように自分の状況を説明する。

　（私の）プロジェクトは2、3年前に始まって、初期のチームメンバーはみんな去りました。顧客企業は自分たちの生産性が上がっていると思っていますが、そうじゃないんです。顧客企業は情報が共有されていると思っていますが、自分たちのチームにはプロジェクトのことがわかっている経験のあるエンジニアはいません。人が残らないから経験が蓄積されません。新しいエンジニアたちは、理論はわかりますが、機能やコードを理解する必要がある。そのことを顧客企業には伝えられないんです。
　インドでは離職が常態化していて、仕方がないんです。オフショア業界はまだ拡大していますが、そのことが日本の顧客企業はわからないんです。正社員も離職していきます。顧客企業はコア人材はキープしたいと思っていますが、すべての人にインセンティブを与えることはできません。数は限られています。新人もすぐに辞めます。ある人は海外の仕事に行きたがり、大学院に行ったり、家族の事情で辞める人もいます。日本の顧客企業相手の長時間労働ができない人もいます。しかたがないんです。それを顧客企業に伝えるのは私たちの仕事ではありません。顧客企業に直接は言わないんです。

　上記のインドにおける転職の多さは、第1章のインド側のエンジニアたちのインタビュー結果とも共通する。これに加えて、イ

ンドのオフショアチーム側が隠したい点は、インフラ環境の違い
も含まれる。筆者がインドの開発センターでインタビューしたイ
ンフラストラクチャー担当のエンジニア Vimal は、インド側の
インフラに関して日本の顧客企業には伝えられない悩みがあると
話す。Vimal のプロジェクトはインフラストラクチャーの問題に
より進捗が大きく遅れているにもかかわらず、日本側にはそのこ
とを知らせていない。日本の顧客企業のエンジニアは、日本と同
じ種類の機器を運び込めばインドでも日本と同じように作動する
と考えているが、インドの開発センターで機器を購入するには事
務処理に非常に時間がかかり、機器が到着するのに遅れが発生し
ている。また、インドで購入した機械の品質に問題があるため、
日本と同じ動作環境が望めない状況にある。しかし、インドの開
発センターは完全に東京と同じ環境を提供していることを宣伝し
ているために、本当のことを言えば、日本の顧客企業が怒り、自
社の信用が損なわれるとインド企業の担当のマネージャーは恐れ
ているため、実情を日本の顧客企業側に伝えることができない。
日本側で働くインド企業のブリッジエンジニアもこの問題を知っ
ており、板挟みになっているが現状を顧客企業には伝えられない
でいるため葛藤を感じていた。ブリッジエンジニアのこうした
状況（顧客に真実を伝えられない状況）は、彼らの二つの組織を調
整する役割の可能性だけでなく、その二重性がもたらす困難点も
示しており、インド企業側も顧客企業側も不利益を被らないよう
にプロジェクトを遂行することが必ずしも簡単ではなく、二つの
組織の間の情報を統制することに本人たちが葛藤を感じることも
示している。このような情報も踏まえて、引継ぎメモでは、顧客
企業側にすべての事情を話すのではなく、インド側の状況につい
て顧客企業とのコミュニケーションの中で一般論として情報を出
しておき、顧客企業側の期待値が高くなりすぎないようにコント

ロールすることが大切だと書かれている。

支援者

　本章で分析したいくつかの事例では、ブリッジエンジニアは顧客企業のエンジニアに問題を相談している。ブリッジエンジニアたちの職場での学びを考えるうえで、顧客企業の担当者との関係性の深まりが重要となるため、以下、支援の事例を二つ分析する。まず、ブリッジエンジニアたちの相談相手として、サポートをしている顧客企業のベテランエンジニアの新田について分析する。筆者が新田を知ったのは、ブリッジエンジニアたちの紹介によるもので、ブリッジエンジニアたちにとって新田は、仕事の指導係であるだけでなく、仕事から生活のことまで何でも相談できる相手であった。新田はエンジニアたちの話を注意深く聞き、受けとめたうえで、適切なアドバイスをくれるとエンジニアたちは述べていた。新田にブリッジエンジニアについて聞くと、インドのエンジニアたちはまじめで優秀で、勉強熱心であり、日本のエンジニアよりも貪欲に知識を吸収するため、教えるのが楽しいと感じていた。

　新田がインドとの仕事を始めた当初、ブリッジエンジニアたちはこの企業での仕事のやり方がわからず、生活環境にも慣れず戸惑っていた。来日前に彼らは日本語の基本的な文法を勉強したが、実際に日本語を使ってコミュニケーションを取ることは最初は難しく、社内でも孤立していた。新田の職場は、伝統的な製造業の大手企業であり、社内の会話はすべて日本語で行われ、インド人エンジニアに対しても特に言語的な配慮はなかった。このためエンジニアたちは来日当初、日本語で行われる会議についていけず、仕事にも支障をきたしていた。新田はそうした彼らを見

て、仕事のやり方をやさしい日本語と英語で丁寧に教えた。また、生活面にも配慮し、寮の大風呂が好きではないエンジニアへの住居の情報、ベジタリアンのための食事情報なども提供し、彼らの生活面も支援した。そして、日本語が学びたいエンジニアたちのために、仕事の後に地域の日本語教室に会社のバスで送り迎えするように手配した。

　新田はブリッジエンジニアたちが環境に慣れて、打ち合わせでのコミュニケーションが日本語でできるまでに成長したことを見て、彼らの頑張りに感動し、日本の若手よりも優れたところがたくさんあると感じた。新田がブリッジエンジニアたちと働く際に大切にしているのは、相手に対する尊重の姿勢で、たとえば、プロジェクトで不測の事態が起きた時に、自社のやり方を相手に押し付けて怒るのではなく、ブリッジエンジニアに任せて、「彼らのやり方」でオフショアに伝えてもらい、対策を講じてもらうようにしている。新田の観察では、能力の高いブリッジエンジニアは、顧客企業とオフショアチームの間で、よいバランスを取りながら、仕事をしてくれていると感じる。また、新田はインドに頻繁に出張し、現地のエンジニアたちの指導にもあたっており、現地のエンジニアの技術力の高さを評価している。今はまだ現場では日本語を使っているが、英語で直接話し合うことで、もっと彼らの能力が引き出せると考えており、日本の企業側はいつまでも日本語で話せる人材に頼るのではなく、自分たちも覚悟を決めて英語でやるべきだと話す。

　新田のように相談相手として頼りにされている顧客企業側のエンジニアがいる一方で、「要求が多く、厳しい上司」としてブリッジエンジニアにプレッシャーをかけ、そのプレッシャーの中でエンジニアたちが学んでいく例も観察された。第1章で日本での転職を果たし、キャリアアップしていったUdayの事例では、

Uday のキャリアアップのきっかけとなったのは、2番目に働いた企業の担当者の山口のプレッシャーであった。Uday は当時日本語がまだ十分にわからない状態であったため、仕事に関する連絡を山口に英語のメールで送っていたが、しばらくすると山口から日本語でメールを書き直すように指示され、英語で出しても返事をもらえなくなった。このため Uday は毎日何時間もかけて日本語で山口にメールを書くようになり、山口は Uday からメールが来ると日本語を徹底的に直し、返すようになった。Uday は日本語でメールを書かなければ評価されないので、朝から晩まで山口への日本語のメールを書くことで頭がパンクしそうになったという。山口は Uday が昇給を望むのであれば、自分の商品価値を上げるためにがんばるようにと伝えた。Uday は上司のそうしたプレッシャーと期待に応えるために日本語を学び、日本語レベルを上げて、昇給していった。しかし、Uday はさらに他のエンジニアたちと比較して、自分の給料がまだ安いことに不満をもち、さらなる昇給を山口に要求したところ、山口はしばらく考えて、Uday にためしにある顧客企業のプロジェクトを一人で担当してみろと言った。Uday は自分を証明するために努力したが、結局、顧客企業との日本語でのコミュニケーションがうまくいかず、担当から外された。この時、山口は Uday に対して、「わからないでしょ。だから（昇給は）1万」と言い、Uday の日本語が顧客企業とのコミュニケーションには不十分であることを最初から知っていたことを明かし、Uday の日本語力が上がらない限り、これ以上の昇給はないと伝えた。この言葉に Uday は奮起し、自分の評価を上げるためにより熱心に日本語を勉強し、日本語能力試験の N2 に合格し、現在は日本語能力試験の N1 を目指している。Uday にとって山口は厳しい交渉相手であったが、転職を重ねた今振り返ると、山口との当時の交渉は自分のキャリアアップに

とって重要であったという。

　山口は厳しい上司ではあるが、さまざまなアドバイスを Uday に与えている。Uday は、自分の記憶をたどりながら、山口から言われたことをあげる。たとえば、山口は Uday が間違えるたびに、何度も「ちがうよ。ちがうって」と言い、改善のフィードバックを与えていた。また、山口が Uday の説明が冗長だと感じるときは、「しゃべりすぎ、誰のことも聞かない」と注意を出す。Uday が山口の指示をきちんと聞かない時には「Uday、Uday はいい人なんだけど。聞いてね。言ってること聞いてね。」と言って話を制止する。Uday が謝ると、「わかってないじゃん、ごめんなさいって何回言うの」と注意される。Uday は山口とのやり取りを、家に帰ってからインド人の友人と一緒に分析し、山口は自分の成長に必要な上司だと思うようになり、山口の話にもっと耳を傾けるようになっていった。Uday の話から浮かび上がってくる「山口」は、一方で Uday のブリッジエンジニアとしての商品価値を高めることで自社のビジネスに活用しようとしているが、そうしたゲートキーパーの教育は、Uday 自身が日本で転職していくためのリソースにもなっている。

小　括

　在留資格が専門的・技術的分野の外国人の多くは、一般的な大卒のホワイトカラー人材であるが、そうした労働者の中には派遣、請負など、多様な契約形態の人々が含まれており、彼らの就労環境を可視化していくことが専門職人材の日本における受け入れ環境の整備においても重要な意味をもつ。本章では、エンジニアたちの「職場」に焦点を当て、請負契約で働くインド IT 企業

のエンジニアたちが顧客先の職場でどのような就労環境の境界線の中に置かれるのかを分析し、以下のことを明らかにした。

　第一に、インド IT 企業のエンジニアの職場環境を分析し、彼らの職場の座席配置に焦点を当てることによって、一体型、混在型、独立型など、さまざまな職場の境界線と顧客企業の管理、統制の在り方を明らかにし、労働慣習が作り出す法的な「グレーゾーン」をエンジニアたちがどのように見ているのかをメリット、デメリットに分けて明らかにした。インド IT 企業のエンジニアたちにとって顧客企業と近接距離で働く環境は、顧客企業の働き方を直接学び、必要に応じて質問や相談ができる環境でもあり、必ずしも否定的には捉えられていない。同じ島の座席配置で働くことによる一体感、信頼関係は、二つの組織をつなぐ役割を担うエンジニアが仕事を円滑に行ううえで助けになるものであろう。しかし、顧客企業による直接的、間接的な作業の指示、労働時間、残業の統制は労働者としての権利が守られないまま行われており、エンジニアたちはそのことを「仕方がない」と諦め、受け入れている状況があること、また、顧客企業の敷地内での行動の監視は、彼らに他者のテリトリーで働いていることを常に意識させていることなどを明らかにした。

　加えて、本章の後半では、ブリッジエンジニアたちの仲介活動に焦点を当て、インドのオフショアチームと顧客企業とを結ぶ仲介活動を分析し、ブリッジエンジニアの引継ぎメモから顧客企業、インドのオフショアチームをつなぐためにどのような点に注意しているのかを 11 の項目に分けて検討した。「ブリッジ人材」は日本企業のグローバル化にともないその活躍が期待されているが、具体的な業務をふまえた分析がまだ十分に行われておらず、とりわけ、ブリッジ人材の職場での立場の二重性に関する研究はほとんどなされてこなかった。

ブリッジエンジニアは、高い言語コミュニケーションのスキルをもった人材として捉えられることが多いが、彼らの仕事は顧客企業と開発を委託された企業の間の非対称的な関係性、IT産業のピラミッド構造の中で行われる社会的な実践である。ブリッジエンジニアの二つの組織間をつなぐ仲介は、現場の文脈と深く連動しており、本章では彼らの仲介活動における顧客企業との関係性、そしてインドのオフショアチームとの関係性を分析した。

　まず、ブリッジエンジニアが顧客企業とインドチームとの間の健全なバランスを図るために努力しており、ブリッジエンジニアたちは顧客企業側の職場で働くことにより、相手側の業務を学び、チームとして、顧客企業の役に立ちたいという気持ちをもつと同時に、相手からの仕様変更などのプレッシャーに対して一定の距離を取って対応しなければならないという二重性をもっていること、そしてトラブル時の感情労働、相手からの無理な要求や個人攻撃に対する対応など、ブリッジエンジニアたちの具体的な対応を明らかにした。第二に、インドのオフショアセンター側との関係性においては、同じ組織に所属するエンジニアであっても情報を引き出すことが必ずしも容易ではなく、ブリッジエンジニアたちがさまざまな工夫をしていることを明らかにした。

　ブリッジエンジニアの仕事について、戎谷（2014）は、二つの組織の開発手法の違いを調整する役割をもっていることを指摘しているが、開発手法の違いを調整することに加えて、ブリッジエンジニアたちは様々な境界線を越えるための努力をしている。本章では、ブリッジエンジニアの引継ぎメモ、そしてブリッジエンジニアたちの声を通じて彼らが顧客企業とインドのオフショアチームとの間でどのような点に注意しているのか、また仲介の困難点はどのようなものなのかを多面的に明らかにしたことで新しい知見を提供するとともに、序章で検討した「文化の仲介者」の

抱える二重性という視点から二つの組織の間を取りもつための彼らの方略を示した点でもこれまでにない知見を示すことができたのではないかと考える。

　日本と海外企業をつなぐブリッジ人材の研究は、日本企業のグローバル化が加速化する中で、今後重要性が増す分野であり、ブリッジ人材の職場環境、組織間の関係性を踏まえて、人材育成を考えていくことが重要であることも本章の様々な事例から明らかにできたのではないかと考える。

【注】
1　輸出規制とは政府による、自国で開発された商品、技術、サービスなどの輸出に対する制限を意味する。
2　ただし、翻訳には時間とコストがかかり、また翻訳ミスによるトラブルも発生する。
3　顧客がプロジェクトが成功したと感じる割合について、2008 年の『日経コンピュータ』の調査では成功率 3 割、2018 年の『日経 XTECH』の調査では成功率が約半数となっている。
　　『日経コンピュータ』2008 年 12/1 号「特集 1-成功率は 31.1 %　第 2 回プロジェクト実態調査」https://tech.nikkeibp.co.jp/it/article/NC/20081126/319990/（2019.07.01 アクセス）、『日経 XTECH』「IT プロジェクト実態調査 2018 システム開発プロジェクトの 5 割が失敗、1700 件を独自分析」
　　https://tech.nikkeibp.co.jp/atcl/nxt/column/18/00177/022100001/（2019.07.01 アクセス）

第3章

地域での仲介と多文化共生

インドから来日し、2019年に江戸川区初のインド出身の区議会議員となったプラニク・ヨゲンドラ（通称よぎ）は、この地域に多く住むインド人エンジニアとその家族のUR（賃貸住宅）での生活について以下のように述べる。

> URに住むインド人は、プロジェクトで来て、プロジェクトが終わったらインドに帰る。そして、新しい人が来て、またゼロから始めなければならない。ゴミの出し方、騒音。警察が呼ばれることもある。マルチカルチュラルな東京でさえ問題が起きている。人が出て、また新しい人が入ってきたら、教育しなければならない。新しい人たちが来る。すごい若い人たちと、日本語できない人たちと、日本の経験がない人たちと……。そのサイクルが止まらない。止まらないんです。

インドIT企業に所属して来日するITエンジニアたちの多くは、プロジェクト単位での就労が中心となるため、地域に生活者として住む期間は数か月から長くても3年程度と比較的短く、インド人が多く住む地域には新しい住民が継続的に流入し、退去し

ていく。このため新しい住民と地域のルール（ゴミや騒音など）を共有するために継続的な取り組みが必要となっている。

　インド人の多く住む地域に限らず、さまざまな自治体において外国人の受け入れ体制の整備が進められているが、自治体の多文化共生の施策は外国人住民の「支援」に重点を置いているため、外国人住民は地域コミュニティーの中の「弱者」として位置付けられがちであり（宮島　2009）、地域の多様な言語文化的な背景をもつ住民たちの「多文化パワー」を活かしきれていないと指摘されている（毛受　2016）。一部の自治体の先進的な取り組みとして、外国コミュニティーのキーパーソンとの協働の概要が報告されているものの、その質的な分析（キーパーソンの具体的な仲介活動の分析）はまだ十分には行われておらず、今後の地域の多様な住民をつなぐ多文化共生活動の中心となる人材を広く育成していくうえで、どのような仲介活動が行われているのか具体的な実践分析とその発信が求められている。

　こうした点を踏まえ、本章では江戸川区に在住するインドコミュニティーのよぎの活動に焦点を当てインド人 IT エンジニアの生活者としての仲介活動を分析し、地域における外国人のキーパーソンの仲介の意義を検討する。

　本章の前半では、筆者が 2010 年に行った江戸川区の UR 賃貸住宅での住民の自治会でのよぎの活動を分析し、高齢化の進む UR においてよぎが地域住民と、若い世代の多いインド住民の間をいかに仲介したかを分析し、後半ではほぼ 10 年後の 2019 年に、よぎが区議会議員選挙に初当選するまでの間に、よぎの活動がどのように広がっていったのかを検討する。

西葛西のインド人コミュニティーと IT エンジニア

　日本に住む外国人数が過去最高を更新する中で、インド人の在住者数も増加している。2018 年末には 35,419 人のインド人が在留者として登録されており、その約 1 割以上（4,148 人）の住民が江戸川区に集まっている[1]。日本に住むインド人は、1980 年代半ばまでは神戸地域のオールドカマーが多く、全体の 4 割を超えていたが、1980 年代半ばからは、東京在住のインド人が増加し（澤 2018）、特に 1990 年代には世界的な IT エンジニアの需要の高まりを背景として、日本においても技術系の高度外国人材を招致する政策が進められ、来日するインド人のエンジニアの数が東京を中心に増加していった。

写真 3-1　江戸川区の UR 周辺

　上の写真はインドの住民が多く住む東京都江戸川区の西葛西周辺の UR 集合住宅の様子である。この地域では、2000 年頃にはまだ外国人向けの賃貸物件が少なかったため、エンジニアたちはアパート探しに苦労していたが、大手インド IT 企業がエンジニアたちのために西葛西地域の UR の賃貸住宅を多数借り上げたこ

となどをきっかけとし、インド人の間で口コミによってこの地域の情報が広まり、多くのインド人エンジニアたちとその家族がこの地域に集住するようになっていった。

　江戸川区の西葛西地域は東京の中心への交通の便がよく、大手町、日本橋、茅場町など、IT エンジニアの多くが働く金融関係、証券関係のオフィスへのアクセスがよい。また、この地域は比較的新しい住宅街であり、都心部に比べて家賃が安価であり、駅の近くの大規模な UR 賃貸住宅には国籍に関係なく入居することができることもこの地域が外国人にとって住みやすい理由としてあげられる。インド住民が増加するにつれて、この地域には、インド料理店、食材店などが立ち並び、インド人学校、ヒンドゥー教の寺院などの施設も設置された。

　また、インドコミュニティーの中で情報の交換も行われており、メーリングリストや SNS での生活情報、イベント情報などの発信・情報交換も盛んである。これ以外にも、江戸川区の地域との接点として、日本語を学びたい人々のために地域のボランティアによる日本語教室が開かれ、年に 1 回開催されるインドの伝統的な祭り（ディワリ）では、インド料理店、食材店が立ち並び、さまざまな催しが地域の自治会の協力を得て行われている。

　以上のように江戸川区の居住環境は、エンジニアとその家族にとって他の地域よりも暮らしやすいものとなっているが、住民の生活を詳しく見ていくと、彼らの滞在期間中の悩みもうかがえる。

江戸川区の UR に住む住民の例

　IT エンジニアとその家族がこの地域でどのように生活しているのか、2010 年に行ったエンジニアの居住地の訪問調査のデー

タから、二つの事例を紹介する。

（1）エンジニア家族の生活の例

Rudra はインド IT 企業に所属する IT エンジニアで、妻 Aditi
と生後 10 か月の赤ちゃんとともに江戸川区の UR 賃貸住宅に住
んで 2 年になる。家族の住んでいる部屋を訪問すると、室内は子
どものおもちゃが壁際にずらりと並んでおり、英語の学習を兼ね
たおもちゃや DVD も見られ、子どもの教育に対する関心の高さ
がうかがえる。Rudra はブリッジエンジニアとして顧客企業の
職場に常駐しており、日本にいつまで滞在するのかは、プロジェ
クトの状況次第である。2 人がこの地域の UR 住宅を選んだのは
交通の利便性に加えて（都内の職場まで東西線で 30 分）、この地域
にインド人家族が多く住んでおり、インドの食材店があるため買
い物にも便利だからである。

妻の Aditi は大学で化学を専攻し、インドの大手製薬会社で働
いていたが、来日のため仕事を辞めた。日本に暮らし始めてしば
らくは、英語を教えたり、インドの旅行社でアルバイトとして働
いたりしていたが、子どもが生まれてからは、家で育児に専念し
ている。団地の保育所に預けて働くことを希望したが、待機児童
がいる中では子どもを預けるのは無理だろうと考えている。イン
ドでは家の掃除や料理の手伝いの人が定期的に来ていたため、仕
事と家事の両立は大変ではなかったが、日本ではホームヘルパー
の人件費が高く雇えないため、家事、子育てを一人で行わなけれ
ばならず、インドでの生活よりも負担が多いと感じている。

夫の Rudra は帰宅すると、妻の不満を毎日のように聞く。こ
の日も Aditi は「アメリカだったら大学で学んだり、働くオプ
ションが広いのに、日本ではできることが何もない」と話し始
め、夫がなだめている。Aditi の現在の楽しみはインド人の妻た

ちと一緒におしゃべりをしたり、買い物に行ったりすることで、団地には約50人のインド人家族が住んでおり、親しくなった家族とは毎週のように集まって交流し、子育ての話をしたり、買い物やジムなどに一緒に行く。日本語をボランティア教室で学んでいたが、最近は子育てが忙しくて行かなくなった。

　2人は会社が住居費を負担していることから、この団地の生活にはおおむね満足しているものの、近所の住民から騒音の苦情を受けたことがあり、子どものたてる物音、テレビの音、人々が集まったときの話し声など、近所からの苦情には気を使っている。インドに住んでいた頃はアパートの近所の人々は子どものたてる音に寛容だったため、音に対する感覚の違いに最初は戸惑った。URに住む他のインド人の友人も騒音で苦情を受けたという話を聞いており、高齢者が多いこの集合住宅では苦情を受けるのも仕方がないと思っている。

　Rudraはプロジェクトに左右されず日本で安定的に働きたい気持ちはあるが、日本での転職に関しては、日本語がビジネスレベルに達しておらず、現在のスキルではよい転職先を見つけることが難しいため、真剣には転職活動をしていない。仮に転職先が見つけられたとしても、子どもの教育を考えると、日本に長期的に住むことには躊躇を感じる。この地域には複数のインド人学校があるが、教育のレベルに不安があるため、日本で教育を受けさせるのであれば、インターナショナルスクールに入れたいが、その学費は高額で（一般的に年間200万円以上）、長期間子どもを通わせるのは現実的ではないと感じている。また、Rudraの親が高齢になりつつあることも考えると、将来的には帰国したいと考えている。

　筆者の地域調査ではインドIT企業に所属するエンジニア（20家族）のUR賃貸住宅やアパートを訪問し、エンジニアや家族に

インタビューをしたが、Aditi と Rudra のように、葛西地域では20 代中盤から 30 代前半の夫婦が多く、インド人同士の交流が盛んであり、同じ地域語を話すグループで交流する姿も見られた（タミール語、マラーティー語等）。エンジニアの妻は、来日後、英語を使った仕事を見つけて働くケースも少なくない。英語の仕事の選択肢として、子どもの英語教室や旅行会社が中心であった。インド人の 20 代、30 代のエンジニアの妻は、ほとんど大卒で、大学院卒（修士、博士）の割合も約 2 割であった。多くの妻たちが英語と自分の専門性を生かして働きたいという希望をもっているが、日本での仕事の選択肢は限られている。地域との交流に関しては、多くの人々が地域のボランティア教室で日本語を学んでおり、地域のカルチャー教室やスポーツクラブに通っている人々もいたが、日本語教室以外では地域の人々との交流はないという声がほとんどであった。

子どもの教育に関する悩みも共通しており、英語できちんとした教育を受けさせ、将来に備えたいと考えている。子どもが小さい時期はインド人学校でもよいが、高学年になれば、制度の整ったインターナショナルスクールに入れる費用がかかること、また国にいる両親と同居したいと考えていることから、時期が来たら帰国すると答える家族が多かった。

(2) 単身のエンジニアの生活の例

Abhi は江戸川区のアパートに住んでいる 20 代後半の独身のエンジニアである。Abhi が住んでいるアパートは、インド IT企業が手配したもので（同じ企業のエンジニアから引き継いだアパート）、家賃はインド IT 企業が負担している。Abhi は、同じプロジェクトのためにインドから派遣された同世代（20 代）の若手エンジニア 2 名とともに住んでおり、交代で食事を作って生活して

いる。

　Abhi の大学時代の友人の多くは、アメリカでの開発プロジェクトで働いており、自身も以前はアメリカで働きたいと考えていたが、現在では日本での仕事に満足し、鉄道網が発達した東京での生活が自分には合っていると感じている。日本では通勤のための費用が会社から支給されるため、アメリカで車を購入して通勤するよりも効率よく貯金ができ、若い間はできるだけ長く日本で働きたいという。現在の居住環境にはおおむね満足しているが、ゴミの分別などはインドでは行っていなかったため、ゴミの回収のための袋を購入して分別するのが面倒だとも感じている。現在従事しているプロジェクトはいつ打ち切られるかわからない状況にあるため、日本での転職を視野に入れ、週末には日本語を勉強し、近い将来、日本語能力試験の N2 に合格したいと考えている。

　Abhi が少しでも長く日本で働きたいと考えている背景には結婚がある。Abhi は単身で来日したが、日本で働いている間にオンラインのデータベースで結婚相手を探し、最近、相手が決まった。次の休みに帰国してインドで結婚式を挙げ、妻を連れて日本に戻ってくることになっている。Abhi によれば、海外で働いているエンジニアは、結婚相手を選びやすく、特にアメリカで働いているエンジニアの人気は高いという。Abhi の場合は日本で働いているため、相手を見つけるのに少し時間がかかり、結婚相手としてよいと思った女性がいても、相手の両親から断られたこともあった。Abhi は結婚相手の条件として、自分と同じエンジニアで海外でも働ける女性がよいと考え、オンラインのデータベースでそうした条件の女性を探し、相手と意気投合したことから、お互いの両親の了解を得て、最終的に結婚することに決まった。

　結婚相手の女性は、日本のことはほとんど知らないため、「日本はムンバイのように忙しい都市で、人々は丁寧で、会社の雰囲

写真 3-2　独身のエンジニアの暮らし
　SNS でインドの友人たちとグループチャッ
　トを楽しんでいる様子

写真 3-3　自炊のための調味料

気もいい」とだけ伝えている。Abhi は、結婚して日本で子ども
が生まれてもできるだけ長く日本で働きたいと考えているが、子
どもが学童期に入ったら前述の夫婦の例のようにインドに戻って
教育を受けさせたほうがよいと考えている。また、高齢の両親の
ことも心配なため、インドに戻りたいという考えも前述の夫婦と
共通している。

　これらの二つの家族の共通点として、若い間は仕事が続く限
り日本で働きたいという希望はあるものの、子どもの教育（イン
ターナショナルスクールの学費）、妻の仕事の機会が制限されるなど
の問題もあることから、日本での長期的な生活に関しては明確な
考えをもっていない。これらの住民たちのケースは、プロジェク
トベースで働き、日本での滞在が比較的短いエンジニアや家族の
生活状況を理解するうえで役立つとともに、彼らが地域の人々と
特に深い接点をもっていないことも示している。また、住民たち
は、地域のごみ分別や騒音に関するルールを知ってはいても、今
までの生活習慣と異なるルールに慣れるまでには調整期間が必要
であることも示している。たとえば最初の夫婦のケースでは、音

に関して他のインド住民たちが苦情を受けていることは知っていたが、自分たちが実際に苦情を受けるまでは、そうした問題を実感としてわかっていなかったと述べていた。本章で分析する住民集会でのよぎの仲介活動は、こうした地域のルールをインド住民に周知する目的をもつとともに、両者をつなぎ、相互理解を促進することも目的としている（よぎのインタビューから）。

　本章で分析する住民集会は、UR賃貸住宅に住むインド住民を対象としたものである。UR賃貸住宅とは独立行政法人都市再生機構（UR都市機構）が管理する公的な賃貸住宅を指す。URは、外国住民にも広く利用されており、埼玉県川口のURなど、団地住民の半数以上が外国人で占められる地域では、外国住民の増加と生活習慣の違いにより住民間の対立も発生している（ゴミ出しの不備、騒音、意思疎通の問題、香辛料のにおい等）[2]。安田（2019）は、団地における外国人へのゼノフォビア（排外主義）の動きを分析し、問題の背景に住民間（日本人、外国人住民双方）の無関心さ、世代間のギャップ、交流の機会の少なさが関係しているのではないかと指摘する。大島（2019）もまた、外国住民が過半数を占める団地での参与観察を通じて、高齢化する住民たちと、外国住民との間の接点の少なさについて、「一つの団地に交わらない、二つの世界、パラレルワールド」があると分析する。こうしたことからも、多様な人々の共生に向けて、ゴミ分別や騒音などの地域のルールの一方的な周知だけでなく、住民間の接触機会を増やし、多様な人々をつなげていく取り組みが求められている。敷金、礼金がいらず、外国人も入居しやすい団地は、今後増加が見込まれる外国人労働者の日本での生活のゲートウエイとなる可能性が高く、URに住む高齢者と外国人をつなぐ活動は、社会的に重要な意味をもっている。本章はよぎの仲介活動に焦点をあてることによって、こうした「つなぐ」活動をインド出身のよぎがど

のように行っているのか、その実践を明らかにする。

仲介者のよぎについて

インド出身のよぎは、日本在住 22 年になる江戸川区の区議会
議員である。よぎはインドのムンバイ郊外で生まれ、プネ大学で
物理、数学を専攻していたが、父親の勧めで 1994 年から日本語
を学び始め、2 度の日本への国費留学を経て、卒業後、2001 年に
インドの大手 IT 企業のエンジニアとして来日し、ブリッジエン
ジニアとして日本のさまざまな企業で働いた経験をもつ。よぎは
来日して仕事を始めた当初は、日本人の同僚との間に距離感を感
じたが、2005 年に東京都江戸川区西葛西に引越してきたことを
きっかけに、日本人との距離を縮めようと考え、積極的に地域の
活動に参加するようになった。

筆者の調査当時（2010 年）、よぎは江戸川区の UR の自治会の
メンバーとして地域住民とインド住民の橋渡しの活動をしてい
た。以下、よぎが行っていた地域の集会の 2010 年当時の観察記
録を通じて、地域に長く暮らしている住民たち（自治会メンバー）
とインド住民との間のギャップ、そしてそれをつなぐ活動の詳細
を分析する。

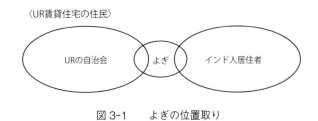

図 3-1　よぎの位置取り

図が示すように、よぎは UR 自治会のメンバーであるととも

に、UR に住むインド住民の一人でもあり、住民集会では二つの
「パラレルワールド」の仲介者として双方を取りもつ役割を担う。

UR 自治会とインド住民との話し合い

　よぎの住む UR では、インド住民がゴミの分別をきちんとしな
いことが、自治会で問題となっており、よぎは自治会とインド住
民とが話し合う集会を企画することにした。以下に示したもの
は、よぎがインドコミュニティーのメーリングリストに載せた案
内文である。

A 地域の UR に住むインド人の皆さん

　私たちの UR 団地は外国人の賃貸に門戸を開いたパイオニ
アであり、団地の 15% が外国人です。自治会では建物のメ
インテナンス、そして文化プログラム、教育プログラムを企
画しており、UR の住人と地域との調和を目指しています。

　活動の一環として、自治会ではインド人のみなさんとの話
し合いを企画したいと思います。テーマは自治会の活動紹介
です。UR での生活で困ったことがあれば教えてもらえれば
幸いです。また、ボランティアがごみの分類についてご説明
します。皆さんのご参加をお待ちしています。話し合いはボ
ランティアが英語で通訳します。ご質問はよぎまで。

（原文英語、「ボランティア」はよぎを指す）

　よぎの案内には「UR の住人の地域との調和」を目指すという
目的が示され、自治会活動の紹介、インド住民の抱えている問題
の共有、ゴミの分類について記されており、単にインド住民に一
方的に団地のルールを伝えることが目的ではないことがわかる。

しかし、集会当日の参加者は少なく、URの集会室では、日本人の自治会メンバーが机をセッティングし、交流のお茶やお菓子を準備して待っていたが、インド住民は集会が開始される時間になっても誰も現れないことから、よぎがURのインド住民に電話をかけ、参加を促す必要があった。電話をもらった住民たちはその後ポツポツと集まり始め、集会が開始されたのは集合時間から30分後であった（集会には自治会メンバー5名、インド住民8名が集まった）。以下、話し合いの流れに沿って分析していく。

ごみの分別

話し合いではまず、自治会の会長が自治会の活動を日本語で板書して、インド住民に何か困っていることがないか問いかける。よぎは通訳として会長の日本語を英語に訳してインド住民に伝える。

【仲介例1】

> 自治会会長：今、（黒板に書いて）宣伝したんだけど、あのー、日本に来て、この団地に住んで、あのー、日本に来て住みにくいとか、こういうことを直してほしいとか、ゴミの出し方とか、こういうことを直してほしいという……。
>
> よぎ　：The main agenda for today's meeting is, actually as we wrote on the notice board, the number of foreign residents are growing, typically 15 % of Indians ① ... and that is where we would like to know as a society, like what are the things we can do to improve the standards of life

of foreigners within the society, so we would like to know typical problems, and if there is any way the society can solve the issues. ②

(よぎの英語の筆者による直訳):

　本日の主な議題は、黒板に書いたとおりなんですが、<u>UR の外国人が増えていて、15％がインド人です</u>①。それで自治会としては、<u>外国人住民の生活水準を向上させるために何ができるのか</u>②、みなさんが共通して抱えている問題を自治会として知りたいと思っています。

　この集会の冒頭の会長の日本語表現を見ると、省略されている部分が多く、日本語を第一言語としない外国人にとって集会の目的が伝わりにくい印象を与えている。そこでよぎはインド住民が理解しやすいようにと英語で補足説明を加えている（下線部①、②）。まず①（<u>The main agenda for today's meeting is</u>, actually as we wrote on the notice board, <u>the number of foreign residents are growing, typically 15 % of Indians</u>）では、下線の補足により、UR の外国人住民（特にインド住民）が増加しているという背景を述べて、そのうえで、②（..to <u>improve the standards of life of foreigners within the society, so we would like to know typical problems, and if there is any way the society can solve the issues</u> 外国人住民の生活水準を向上させるために何ができるのか、みなさんが共通して抱えている問題を自治会として知りたいと思っています）を加えており、インド住民にとってのメリットを明確にしている。

　会長とよぎの呼びかけに対して、インド人の住民の一人からゴミの分類に関する要望が出され、UR のゴミ箱の表記の一部が漢字でしか書かれていないのでわかりにくく、重要なお知らせであ

れば、英語で書いてほしいという発言がなされた。この発言をよぎは次のように通訳している。

【仲介例2】

> よぎの通訳：
> 　掲示板に張っている通知とかお知らせは、①まあ、かなり日本語中心なんですけども、やはり、その、えー、なんて言うか、②居住者全員向けのものの場合は、やっぱり、まあ、③英語を含めて必要な関係言語でも張ったらどうでしょうか、という意見です。　　　（①、②、③の番号は筆者が加筆）

　よぎは自治会メンバーにインド住民の発言を通訳する際に、お知らせが①「まあ、かなり日本語中心なんですけども」と柔らかく問題点を表現し、さらに②「居住者全員向けのものの場合」という条件を付け加えて、③「英語を含めて必要な関係言語」、つまり住民の実態に合わせた多言語化をしていったほうがよいという意見を自治会メンバーに伝えている。

　よぎは通訳でこのように伝えるだけでなく、自治会側のフォローも行っている。自治会メンバーから「英語は書けない」という返答が返ってくると、よぎがすぐに「それは手伝います。そこはちょっとチームを作って、一緒にやりたい」と述べ、自分がボランティアとして英語の説明を作成すると申し出ると同時に、他の外国人住民を巻き込んでチームとしての活動にしたいと提案しており、多言語化のための住民間の協働のイニシアティブも取っている。

　さらに自治会の会長がごみの分別がきちんとされていないので、困っていることを伝えると、よぎは会長の言葉をサポートす

るために次のように述べている。

【仲介例3】

> よぎのインド住民に対する発言（日本語と英語で発言）
> （会長は）自分でごみを分けています。だから、もしこのこ
> とをみんなに伝えてもらえたらいいと思う。
> I saw the president personally opening the bag, and
> segregating it personally. I have seen it and I personally
> felt it very bad. If you can spread word of mouth, I
> appreciate it.

　ここでよぎが何度か使用している「personally」という表現は、
ブリッジエンジニアの引継ぎメモでもオフショアチームを説得す
るための方法としてあげられていたものであり、仲介のスキルが
職場でも生活でも用いられていることがわかる。
　これに対して、集会に来たインド住民からはゴミを個人的に分
類している会長に申し訳ないというコメントやもっと他の住民に
ルールを周知しようというコメントが出された。そして、話し合
いの中で最終的に住民のメーリングリストに定期的にルールを周
知すること、また住民たちの掲示板に英語でも情報を張り出すこ
となどの対策が決まった。集会後のよぎはインド人がゴミを混ぜ
て捨てていることに関して次のように述べている。

　　自治会の人々は私利私欲がない人たち。いい人だからあそ
　こまでできる。本当にあれ（分別せず捨てられているゴミ）は
　はずかしくて、写真を撮って（インド人の新規住民に）研修会
　で見せる。この人たち（自治会でごみ分別に力を入れている人
　たち）は立派なキャリアを積んできた人たちで、今もボラン

ティアでこんなことをやっていて、それを理解してほしい、と伝える。

UR の老朽化と改修工事

　住民と自治会の話し合いのトピックは、UR の改修工事と高齢者サービスに移っていった。インド住民からは、自分たちは長期の居住者ではないので、UR の改修にともなって行われる網戸交換の費用を負担したくないという意見が出された。また、インド住民の部屋の中には、高齢者用の緊急連絡機器が設置され、その使用料が家賃に含まれている部屋もあるが、インド住民からは、自分たちは使わないので払いたくないという意見も出された。そのほかにも高齢者が新しく改修された部屋に安く入れるという話を聞いたが、外国人は安い部屋には入れないのか、という質問も出された。

　インド住民たちの要望や質問の背景として、UR の保有する住宅の老朽化にともなう改修工事、そして住民の高齢化にともなうサービスが関係している。UR では高齢者のいる世帯の増加にともない、緊急時駆け付けサービスを希望する人が近年増えている（都市再生機構 2016）。また、UR では高齢者向けのサービスとして団地の一部の部屋をバリアフリーにし、低所得者を対象に家賃負担の軽減措置を取っていることから、インド住民からは規定よりも家賃が安い部屋が提供されているように見えることが彼らの発言と関連している。インド住民の具体的な要望は次の表のとおりで、左側がインド人側の質問の要約で、右側がそれに対する自治会メンバーの返答である。

【インド住民からの要望】

インド住民の発言の要約 （原文英語）	自治会メンバーの返答の要約
不景気だし、自分たちは長く住まないからガラス戸の工事や網戸代を払いたくない。	ここの団地は建って30年以上。こういう工事は自分たちも初めて。大工事で今までやったことない。土台も少しゆがんできているので大々的にいろいろ作り直すので、いろいろ不便はあると思うが、協力してほしい。
自分の部屋の家賃から高齢者用の緊急連絡機器のお金も取られている。自分は必要ないのに払わなければいけないのか。取り外してもらえないか。	高齢者には区の補助があって緊急連絡機器を取りつけてもらっている。その部屋は以前年配者の住んでいた部屋だから最初から含まれているんじゃないのか。外国人も負担しなければならないのは自分たちも知らなかった。
新しく改修した部屋に安く入れると聞いたが、自分たちは入れないのか。	高齢者用の部屋で安く入れる部屋もあるが、待っている人がいっぱいいるから自分たち（URの高齢者）にもまわってこない。残念だが、理解してほしい。

　この表では、短期のプロジェクトベースで働く20代、30代の人々が、高齢化の進むURの環境をどのように感じているのかが示されており、住民間の質疑応答にはこうした環境に対する温度差もうかがえる。よぎは住民間のやりとりを通訳した後、次のようにまとめている。

【仲介例4】

> **よぎのインド住民への発言：**
>
> It is actually not necessary for younger generations. The Japanese mind set is normally not complaining about it.
> （よぎの発言の筆者の直訳：若い世代には本当は（高齢者用の設備は）必要ありません。でも日本人は普通は文句は言いません）
>
> **よぎの自治会メンバーへの発言：**
>
> 日本人も同じような問題があると思うんですよね。だけど日本人はそれが普通のやり方だろうということでうんぬんかんぬんと言わないですよね。それに従うのが日本的なんですけど……。でもみんな（インド住民）の意見では、何とかなればありがたいんですけど①。

　ここではよぎは20代、30代の若い世代のインド住民たちに向けては、彼ら（若い世代の人々）の気持ちを理解していることを示しつつ、日本人は文句を言わないで従っていることを伝えている。また、自治会メンバーに対しては、インド住民たちの要望を婉曲的に「何とかなればありがたいんですけど」（①）という表現を用いて伝えている。

騒音問題

　こうした話し合いの後、自治会のメンバーの一人が立ち上がり、「私たちからもお願いしてもいいですか」と切り出し、自分の思いをぶつけるように一気に話す。このメンバーの主張は次のとおりである。

①音楽の音

　隣がインドの方で、夜中までものすごい音楽が鳴りっぱなし。お願いすると翌日はいいが、その後また始まる。

②パソコンの音

　時間の感覚が違う。インドは（気温が）暖かいから違うのかと思うほど夜遅くまで続く。窓が開いているから音が聞こえてうるさい。

③廊下の話し声

　とても遅い時間まで廊下で話している。子どもたちも一緒に遊んでいる。話し声がうるさい。

　上記のような要望は、この住民に限ったことではなく、騒音問題はゴミ分別と並んで地域における外国住民との軋轢の原因としてしばしばあげられる（国土交通省 2019）。この住民は、発言の最後に、騒音問題が個人的な問題なのか、インド住民全体の問題なのか判断がつきかねているので、もしインド住民全体の習慣であれば、日本の習慣（ルール）を守ってほしいと訴える。これに対して、インド住民からは気になる人がいたら、直接注意した方がよいという意見が出されたところ、自治会のメンバーは「（日本人住民は外国人に注意するのが）多分怖いんだと思います」と答えている。

　ここで、よぎは自治会メンバーの「怖い」という言葉に反応し、次のように発言している。

【仲介例5】

> **よぎの発言：**
>
> ①インド住民に向けて
>
> These kinds of thing happen even among Japanese. Typically, we are now also becoming part of the society, not because we are foreigners.
>
> （よぎの発言の筆者による翻訳）
>
> この種のこと（騒音に対する苦情）は日本人の間でも起こります。注意されるのは私たちも UR コミュニティーの一部になりつつあるからであって、外国人だから注意されているわけではありません
>
> ②自治会の発言者に向けて
>
> 変な意味じゃないですね、怖いって。

　よぎはインド住民に対しては、騒音問題はよく起きることであることを説明し、自治会の発言者に対しては、「怖い」という意味が外国人に対する差別的な発言ではないことを確認している。これに対して自治会の発言者は「変な意味にとられるかもしれないですけど」と自分の発言をもう一度振り返りながら、怖いと感じる理由は言葉が通じないからだと補足している。

　この後、よぎは次のような提案をしており、インド住民側、自治会側の賛同を得ている。

【仲介例6】

> よぎ：メールで連絡しましょう。1か月に一度注意事項で。
> そうすれば新しい人に回せる。それから一応掲示板に
> 英語で張っていこうかな。だんだん効果が見えてくる
> んじゃ。見る人が増えてくるから。
>
> インド住民：　　We should use the mailing list to share
> 　　　　　　　　the information. メーリングリストを情報
> 　　　　　　　　共有に使いましょう。
>
> 自治会メンバー：そうですね。ゆっくりでいいですから始め
> 　　　　　　　　ましょう。

　集会では続いて自治会の交流活動に関する紹介がなされ、自治
会会員になることでバス旅行に参加することもできると説明され
る。しかし、自治会の活動のハンドアウトが日本語で書かれてお
り、思うようにインド住民と情報の共有ができない。以下、自治
会メンバーの勧誘の様子である。

【仲介例7】

> 自治会メンバー：（バス旅行などの交流会は）自治会に入って
> 　　　　　　　　いる方に参加していただく。1か月250
> 　　　　　　　　円という会費。
>
> インド住民：　　If they send the information in English..
> 　　　　　　　　（訳：情報を英語で送ってくれるのなら……）
>
> 自治会メンバー：でも自治会は敷居が高いよねー。（会の決ま
> 　　　　　　　　りを配布しながら）日本語だし、無理やり入
> 　　　　　　　　らなくていいですよ。

よぎ：	I can help with English.（英語は手伝えます）一回インド人と交流会やって、その中からリーダーがコアグループを作って、交流の場を作り出していくような、グループの中で相談したらどうかと（英語でインド住民にも同じ内容を伝える）。
インド住民：	No problem as far as the timing is matching.（訳：時期が合えばいいですよ）
自治会メンバー：それがいい。	

　ここではよぎは情報共有のために、自分がボランティアで自治会の活動を英語にすると申し出ると同時に、住民間でコアグループを作って交流するという提案をすることで双方の接点を増やすためのイニシアティブを取っており、それにインド住民と自治会メンバーの双方が賛同している。

集会を振り返って

　今回の集会の最後によぎに感想を聞いたところ、集会ではルールを伝達するだけでなく、双方がもっと交流し、お互いを知り合う機会を増やしたいと述べている。

　　あの手（ゴミや騒音）の話し合いを増やしたいということじゃないんです。もっとインタラクションのようなものがほしい。長くいる人は問題ないですが、インド住民は交代するから、新しく来る人たちに情報を共有することが大切。
　　実際に集会に参加した住民は、お互いに話をすることで前

よりもインド住民のことがわかるようになったと話す。

　外国人はみんな個人的にはとてもいい人でインド人とも中国人とも付き合っているんですが、習慣が違う。話を聞いて、インド人がみんな夜遅くまで話してるんじゃなくて、一部の人なんだってことがわかった。日本の若い人と同じ。

　こうした発言からは話し合いの場を設けたことで、地域住民がインド住民の中の多様性を以前よりも理解できるようになったことがうかがえるがその一方で、地域住民と新しく来る外国住民とをつなげる仲介活動の難しさもまた、以下の集会後のよぎと地域住民との会話が示している。

　よぎ：一番いいのはその場で注意することですよ。
　住民：それはこわい。変な意味じゃない。言葉がわからないのでこわい。
　よぎ：悪い人はここ（日本）まで来れないんですよ。
　住民：それは信じられない。

　また、インド住民の間でも温度差が存在する。この地区のURには集会に参加した8人以外にも多くのインド住民が住んでおり、よぎは知り合いの若手のエンジニアたちに集会への参加を呼び掛けたが、「またゴミの話か」という反応もあった。よぎは集会にインド住民を集めることは簡単ではないことを踏まえて、定期的にメーリングリストに投稿したり、エレベータ付近の掲示で周知に努めており、また、URを通じても情報を入居者に配布してもらうなど、地道な取り組みを続けている。

小括──よぎの実践にみる仲介

　これまでの地域の多文化共生活動の調査報告では、外国住民との協働の概要が示されているものの、外国コミュニティーのキーパーソンが「いかに」外国住民と地域に長く住む住民とを結ぶ活動を行っているのか、その質的な分析が不足していた。本章ではインドIT企業出身のよぎの地域における仲介活動の詳細（通訳を含む）を分析することを通じて、地域における外国コミュニティーのキーパーソンの実践とその意義を明らかにした。

　よぎが自治会で行った仲介をまとめたものが次の表である。よぎの仲介において最も重要な点は、彼がインド住民と自治会メンバーとの間のギャップを的確に捉え、それを埋め、両者をつないでいたことにある。表からはよぎが聞き手にとってわかりやすいように集会の背景情報を追加したり、聞き手にとってのメリットを強調したり、婉曲表現を使って相手への批判を和らげたりといったさまざまな工夫をしていることがわかる。

表3-1　よぎの仲介実践のまとめ

	話し合いのテーマ	話し合いのギャップ	よぎによる仲介
仲介1	ゴミ分類	自治会の会長の説明では集会の目的が明確に述べられていない。	集会をなぜ開くのか背景情報を追加し、聞き手（インド住民）にとってのメリットを強調する。
仲介2	〃	インド住民からはお知らせは英語でなければ読めないので、重要なお知らせは英語で書いてほしいという要望が出される。	インド住民のための英語化はもとより、URの外国住民のための多言語化が必要だと自治会住民に提案し、翻訳の助力を申し出るとともに、翻訳グループを組織する提案をする。

	話し合いのテーマ	話し合いのギャップ	よぎによる仲介
仲介3	ゴミ分類	自治会メンバーは分別されていないゴミを見つけると、自分で分別しているが、そうした努力をインド住民は知らない。	自治会メンバーの個人的な努力をインド住民に知らせる。
仲介4	URの改修工事	短期滞在で若い世代の多いインド住民から見ると、URの改修工事や高齢者向けサービスに費用を払いたくない。	自治会側の考え方をインド住民に伝えるとともに、インド住民の要望を自治会側に婉曲的に伝える。
仲介5	騒音	音に対する感覚の違い。また、自治会のメンバーが外国人に対する恐怖感から直接相手に注意できないことをインド側が理解できない。	インド住民側には騒音の苦情は一般的なことであることを伝えるとともに、自治会メンバーには「怖い」という表現の再考を促す。
仲介6	〃	新しい住民に対する周知の方法が決まっていない。	グループメール、掲示板での英語表示など、継続的な活動を続けていくことを提案する。
仲介7	交流会	自治会の交流活動が日本語で行われるために、日本語のわからない外国人は参加しにくい。	自分がボランティアで自治会の活動を英語にすると申し出ると同時に、住民間でコアグループを作って交流する提案を行う。

　本章の始めに、インドのITエンジニアたちの多くが短期プロジェクトで就労するため、エンジニアもその家族も、地域の人々と深く関わるまでには至っていない状況を分析し、後半ではよぎがどのように二つのグループをつなぐのかを分析した。

　よぎはなぜこのような仲介の役割を担うようになったのだろうか。前述のようによぎ自身も来日して働き始めた当時、日本人と

の深い関わりがもてないことに悩み、江戸川区周辺に住み始めたことをきっかけとして、地域の活動、たとえば自治会、PTA、掃除や防災などの地域活動、お祭り、スポーツの集会、地域住民のためのパソコン教室などに積極的に参加し、地域の人々との関係を深めてきた。こうした経験からよぎは地域に根差して生きていることが実感できるようになり、他のインド住民が地域とあまり関わりをもたずに生活していることを非常にもったいないと考えている。

江戸川区には都内で2番目に多い35,000人以上の外国人が住んでおり[3]、インド人だけでなく多様な背景をもつ住民がお互いに居心地よく暮らしていくための情報の共有、交流活動が重要となっている。よぎが示したような仲介実践は、新しく住む外国住民と地域に長く住む住民との間にどのようなギャップがあるのか、そしてギャップをどのように埋めることができるのか、仲介実践の一環を知るうえで、示唆に富んでいる。地域の外国人支援や国際交流は、自治体や日本人ボランティアによって主に企画されているが、よぎのように外国コミュニティー出身者がいかに関わり、貢献することができるのかを知るうえでも貴重な知見を提供できたのではないかと考える。

第1章のエンジニアたちの国際移動と短期就労、第2章のエンジニアたちの職場での仲介、そして本章の生活の中での仲介活動は、一見すると相互に関連がないように見えるが、実際は密接に結びついている。江戸川区の西葛西地域のインド人エンジニアの短期集住は、第1章で検討した企業のフレキシブルな労働力のニーズと連動して形成されており、また、よぎの地域における仲介活動は、第2章で見たエンジニアたちの職場での仲介活動と共通する点がみられる。エンジニアたちの職場での仲介活動と本章の生活における仲介活動は、労働者、生活者の違いはあっても、

異なる背景をもつグループを「つなげる」活動としての共通性を
もっており、私たちはこうした取り組みから多文化共生に向け
て、多くのことを学ぶことができるのではないかと考える。この
点については最終章でまとめる。

よぎのその後の活動の広がり

　自治会の集会から1年後の2011年に震災が起こり、よぎはイ
ンド住民のためのホットラインを仲間とともに立ち上げたり、自
治会のメンバーとして、高齢者の住居を回って、倒れた家具を起
こしたりするなどの支援活動を行った。これらの経験はよぎに彼
自身が日本に根差して生きていることを強く感じさせ、震災後、
よぎは日本国籍を取得した。そして震災での支援をきっかけとし
て、インド住民のサポートネットワークの拡充と江戸川区の多文
化共生活動（新しいインド住民への情報提供）に関わってきた。
　これまで在日のインド人のための互助会は、主に出身地域別に
行われ、小規模な支援活動にとどまっていたが[4]、震災時のよう
な非常時に日本に住むインド住民全体をサポートできるような福
祉的なサービスを提供する組織は存在していなかった。そうした
ことから、よぎと有志のメンバーで、全日本インド人協会（AJAI）
を結成し、さまざまな福祉的なサポート活動を現在行っている。
　震災によって去ったインド住民に代わって、新しいインド住
民が増加しており、生活習慣の違いなどから起きる近隣トラブ
ル（警察への通報含む）に加え、家庭内、職場、学校などさまざま
な場面でトラブルが発生しており、サポートを必要とする事案が
増えている。2018年には団体管理型で初となるインド人技能実
習生の受け入れが開始され、地方で孤立している技能実習生が法
律関係の問題の当事者となるケースも増加している。協会のメン

バーはボランティアでこうした事案のサポートにあたっている
が、個人的なサポートには限界があり、団体を作って「市民パ
ワー」（よぎの言葉）をもつことで支援の範囲を広げたいと考えて
いる。

　よぎはこの協会のマガジンを多言語で作成し、発信していきた
いと考えており、その動機を次のように語る。

　　　そうしないと、在日インド人の文献ができないわけです
　　よ。在日インド人の歴史を作っていくためには、文献が必要
　　だと思っていて、その一環としてマガジンを出そうかなと。

　よぎは 2019 年に江戸川区の区議会議員として初当選し、IT 関
連の仕事を辞め、政治の世界に入ることになった。政治家を志す
きっかけとなったのは、2014 年に地元の政治家を中心として出
された「西葛西リトルインディア構想」で、当時の案では街のた
めになる持続可能なプランにはなっていないと感じ、インド出身
の自分が地域のために何かできないかと思い、選挙に出ることを
考えるようになった。

　江戸川区の区議会議員として、よぎは自身の日本留学経験、日
本での就労経験、子どもをもつ親として地域で生活した経験、地
域の自治会メンバーとしての経験など、これまでのさまざまな
自身の日本での経験を活かして活動したいと考えている。よぎ
は IT プロジェクトで来日し、さまざまな経験を経て日本に定着
した自分だからこそできることがあると信じ、地域に住む外国住
民、地域住民がともに暮らしやすい街を作っていきたいと考えて
いる。

　2006 年によぎが IT エンジニア時代に日本語の弁論大会で行っ
た「誰もが住みやすい日本」というタイトルのスピーチにおい

て、インド人エンジニアやその家族が直面する問題を聴衆に訴えかけている。序章で示したソフトウェア産業の多重下請け構造によるエンジニアの待遇の問題を訴えるだけでなく、生活面での問題をあげ、子どもが外国人だということを理由に保育園を断られたこと、アパート探しの困難さ、行政サービスにおける英語や外国語サポートの不足、外国人だという理由により、警察に頻繁に呼び止められ、職務質問される状況など、外国人労働者、外国住民を取り巻く問題点を取り上げ、誰もが住みやすい日本にするために何が必要なのかを問いかけており、当時のそうした問題意識が現在の政治活動の原動力となっていると言えるだろう[5]。

　現在、江戸川区のインド住民は地域において一定のプレゼンスをもっているが、よぎは地域とインド住民との間にまだ壁が残っていると考える。新しく入ってくるインド住民が増えており、短期のプロジェクトで来るエンジニアや家族に加え、日本の企業に直接雇用されるインドの新卒者も増え、飲食店などの経営者やそこで働く人々なども含めて多くのインド人が江戸川区とその近隣地域に住んでおり、新しい住人が地域のルールを知るための研修、そして地域の人々との相互理解を図るための交流が必要とされている。こうしたことを背景として、よぎは議員として議会の委員会で、外国人住民のためのオリエンテーションの組織化、交流活動の活発化を提案している。

　よぎのような地域に長く住むインド人が増え、彼らがインドコミュニティーの自助活動、そして地域との多文化共生活動に積極的に参加することは、毛受が指摘するような「多文化パワー」を活かした街づくりとして大きな意味をもつ。よぎが現在力を入れたいと考えているのは、江戸川区に区立のインターナショナルスクールを作り、授業料を低く抑えて英語と日本語のバイリンガル教育が行えるような教育施設を設置することである。それはイン

ド住民の子どもの教育だけでなく、地域に住む子どもたちが国籍に関係なくインターナショナルスクールに入り、多様な背景をもつ者同士が交流し、学び合うことで視野を広げてほしいと考えているからである。

本章では2010年のよぎの自治会での仲介活動を詳細に分析するとともに、その後の10年間における活動の広がりを追った。本章は地域をつなぐ外国出身のキーパーソンの具体的な仲介活動とその意義を知るうえで参考になればと考えるが、同時に、こうした実践により、一朝一夕で状況が変わるということではなく、比較的短期間に外国人が入れ替わる中で、継続的なオリエンテーションや、双方の交流、暮らしやすい環境を作るための協働が必要とされていることも忘れてはならないだろう。この地域に住むインド企業関係者とこの問題を話し合った際、2019年時点でもURの敷地内の掲示板には、敷地内でのルールに関してさまざまな掲示物が張り出されており、その多くは決して友好的なメッセージではないという。

関係者が送ってくれたUR敷地内の掲示板の写真は、ごみの投げ捨て禁止、騒音注意、通路や公共スペースでの大声での遊び禁止、共有スペースでの放尿禁止など、日本語、英語での注意書きが多数張られている状況を示しており、ルールの周知には継続的な努力が必要であることとともに、そうしたルールを共有することは簡単なことではないことがうかがえた。

大島（2019）は、メディアで報道される団地の外国人問題では、しばしば、日本人住民と外国人住民の交流が解決の手段であるように強調されるが、交流に熱心な一部の住民の実践の陰で、高齢化が進むURに長く住む住民たちの不満は蓄積されていると指摘しており、マジョリティーの意識改革、地域のルールや習慣を外国住民に分かりやすく説明する取り組み（共存）、そしてお互い

を知り合い、一緒に何かをすることを通じて理解を深め合う（共生）の三つの活動の必要性を指摘している。

　本章のよぎの活動はこうした三つの点を取り入れた具体的な仲介の試みであり、人の入れ替わりが激しい中で、どのような取り組みが必要であるのかを今後考えていくうえでも参考になる。そしてそこには文化的な差異を埋めるコミュニティー通訳的な実践も含まれているという点でも示唆に富んでいる。今後、よぎが示したような「つなぐ」活動が地域でどのように発展していくのか地域の多様な関係者による努力をさらに分析していくことも重要であろう。

写真 3-4
プラニク・ヨゲンドラ／
通称よぎ
（2019 年 8 月撮影）

　最後に、仲介者のよぎの立場の二重性について考えたい。よぎは、調査当時、江戸川区のＵＲの自治会のメンバーであり、インドコミュニティーのメンバーでもあったことを活かして、両者

の仲介活動を行っていたが、よぎはこうした活動における自己の立場の難しさを感じた時期もあった。震災後に日本国籍を取得したことによりインドコミュニティーの一部から非難を受け、「よぎはインドコミュニティーのことに口を出す資格がない」といったコメントを投げかけられたこともあり、地域とインドコミュニティーの間でバランスを保つことは簡単ではないと感じた。また、区議に立候補した際に、集会で住民の一人から「外国人だけでなく、地域のために何をしてくれるのか」といった質問も受けた。こうしたことからよぎは、より広義の意味で、多様な人々が地域で共存、共生するために何ができるのかを模索しているという。

【注】

1　法務省の在留外国人統計（旧登録外国人統計）統計表 2018 年 12 月末および東京都の「区市町村別国籍・地域別外国人人口」（上位 10 か国・地域）（平成 31 年 1 月 1 日現在）http://www.toukei.metro.tokyo.jp/gaikoku/2019/ga19010000.htm（2019.07.01 アクセス）

　　インド人の在留者は、リーマンショック後の不況時には、本書の第 1 章で見たようにプロジェクトの中止、キャンセルなどにより、一時的に帰国を余儀なくされたエンジニアが多かったが、その後の景気の回復に伴い、インド人の在留者数は増加している。このため、エンジニアたちが生活する地域においても冒頭のよぎの述べたような、新しい住民の受け入れ環境の整備が重要な課題となっている。

2　国土交通省（2019）「UR 賃貸住宅団地における外国人居住者との共生の取組について」https://www.chintai.or.jp/pdf/20190416UR.pdf（2019.07.01 アクセス）

3　東京都外国人人口 2019 年 1 月。http://www.toukei.metro.tokyo.jp/gaikoku/2019/ga19010000.htm（2019.07.01 アクセス）

4　ベンガル、タミール、オリッサ、ケーララ、マラーティー、ビハール等の互助グループ

5　よぎの弁論大会でのスピーチは以下のリンクから見ることができる https://www.youtube.com/watch?v=3mahOlOVevY（2019.07.01 アクセス）

おわりに

　本書では、インド IT 企業のエンジニアたちの国際移動（第1章）、日本での就労（第2章）、そして地域における仲介活動（第3章）を分析した。

　第1章ではインド IT 企業の人材供給システムの流れを追い、インドから来日してプロジェクトとともに移動していくエンジニアたちの姿を分析し、海外移動と就労がもたらす可能性を示すと同時に、ジャストインタイム労働による移動がもたらす不安、自分の滞在期間がコントロールできない状況を明らかにした。

　第2章では、こうした移動の流れの中で、日本での就労現場に焦点を当て、エンジニアたちが顧客企業に着任した後どのような就労環境で働くのかを三つの事例（一体型、混在型、独立型）を通じて分析し、エンジニアたちの労働環境に埋め込まれた境界線、顧客企業の社員や多様な契約形態の社員との複雑な関係性を明らかにした。また第2章の後半では「ブリッジ人材」としての顧客企業とインドのオフショアチームとの橋渡しの活動（仲介）の実態をエンジニアたちの引継ぎメモと彼らの声を通じて分析し、ブリッジエンジニアとしての2国間をつなぐ橋渡しが単純な情報の授受や交通整理ではなく、顧客企業の担当者との関係性、インド側との関係性の中で行われる社会的な実践として、さまざまな配

慮が必要であることを示した。

　こうしたエンジニアのプロジェクト単位の移動と就労システム
はまた、地域の生活にも大きく影響している。第3章ではインド
人の多く住む地域において、新しく来日した住民たちと長く地域
に住む住民たちとの間にある距離感を、インドコミュニティーの
キーパーソン、よぎがどのようにつないでいるのかを具体的な
UR の住民集会のデータから明らかにし、多文化共生のためのブ
リッジ人材による仲介活動の意義を明らかにした。

　以下、各章で得られた知見をまとめる。

国際移動と循環労働

　第1章ではインド IT 企業で働くエンジニアたちのインドでの
選抜プロセス、日本でのインド IT 企業の営業活動を通じたエン
ジニアの取引の実態、来日してからのジャストインタイムの労働
供給と就労の流れ、市場のニーズと連動した移動と循環を分析
し、若手のエンジニアにとっての日本での就労の経済的メリット
を示すと同時に、リーマンショック後に彼らが顧客企業のニーズ
と景気の変動によって移動を余儀なくされ、ストレスにさらされ
る状況を明らかにした。

　日本における外国高度人材の受け入れ促進の政策議論において
は、経済発展に貢献し、国益に資するハイエンドな人材の中長期
的な「定着」が目指される一方で、本章で分析したような期間限
定のフレキシブル人材は政策議論では非常に見えにくい存在と
なっており、彼らの国際移動と具体的な就労環境の両面を踏まえ
た調査として本章は新しい知見を提供できたのではないかと考え
る。本章は不況時のフレキシブルな専門職人材の雇用のバッファ
としての具体的な状況（突然の移動とそれにともなうストレスなど）

がどのようなものかを示す記録として貴重なものであり、今後こうした就労について考えていくうえで参考になればと考える。

　同時に、こうしたエンジニアたちを取り巻く状況は、日本におけるエンジニアの不足が深刻化する中で変化しており、プロジェクト単位で移動し、日本で働く労働者たちがどのように直接雇用へと移行していくのかさらなる調査が求められている。筆者の調査からほぼ10年がたち、日本におけるITエンジニアの不足が国内のIT人材の高齢化により深刻化しており、2030年には低く見積もっても41万人のエンジニアが不足すると予測されている（経済産業省 2016）。こうした中で、海外への外注、オフショア・アウトソーシングはコスト削減としてだけでなく、現場の人手不足を補う手段として、活用されていくことが期待され、外国人エンジニアを取り巻く環境は変化していくことが予想される。優秀な人材を確保するために、新卒の外国人IT人エンジニアを海外で面接し、直接採用することに関心を示す日本の企業も出始めており、2018年にはメルカリが新卒のインド人エンジニア約30名を採用し、同社の新卒採用の88％（50人のうち44人）が外国人であると報じられている[1]。また、国内の人材派遣会社が、人手不足を背景に外国人エンジニアを直接雇用し、顧客企業に派遣するケースも増加しており、企業による直接雇用や人材派遣会社による雇用と派遣は今後さらに増えていくのではないかと予想される（安藤 2018）。企業のエンジニアの日本語力に対する要求も変化しており、技術力のある人材に対して、言語の障壁を下げた採用をする企業も徐々に増えている[2]。

　このような変化の中で、インドIT企業の社員として来日するエンジニアたちの日本でのプロジェクト単位の就労においても、以前であれば日本語の高い能力がなければ転職が難しい状況であったが、今後徐々に日本語力がそれほど高くないエンジニアで

も転職の機会が増加していくのではないかと予想される。こうした状況が続けば今後、プロジェクト単位で来日するエンジニアたちが日本での中長期の就労に移行するケースが増えていくことも十分に考えられ、短期から中長期への移行の動向を詳細に分析していくことが、日本での専門職人材の就労と定着を考えていくうえで必要であろう。

エンジニアの職場と仲介

　第2章では、システム開発における「ブリッジ人材」の仕事について分析した。「ブリッジ人材」は、2国間の組織をつなぎ、差異を調整する役割を担う人材であり、日本企業の海外進出とグローバル化が進む中で、こうした人材に対するニーズは高く、留学生教育においても将来のブリッジ人材の育成の重要性が指摘されている（堀井　2008, 2009)。しかし、ブリッジ人材の具体的な職場における労働の実態は十分に分析されておらず、二つの組織の連絡役として、日本の企業で就労する労働者が、労働現場でどのような経験をしているのか、職場環境や業務を踏まえた分析が求められている。

　第2章ではこうしたことを踏まえ、ブリッジ人材の職場環境と業務を分析した。第2章の前半では、ブリッジエンジニアの職場環境を彼らの座席表を通じて分析し、一体型・混在型・独立型などさまざまな座席配置において、エンジニアたちが顧客企業との協働を深めると同時に、彼らの行動が顧客企業による監視の対象にもなっていることを示した。そして第2章の後半では、経験を積んだブリッジエンジニアたちの新人エンジニアたちへの引継ぎメモを通じて、エンジニアの仕事が単純な顧客企業とインドオフショアチームの情報の橋渡しではなく、日本の顧客企業、そして

インド企業のオフショアチームのメンバーとの関係性を構築することが必要であり、そのために彼らがさまざまな工夫をしていることを示した。

Wolf（1956）は仲介者が二つのグループに働きかけ、双方との関係性のバランスを取っていくことが求められ、一方に肩入れしすぎることにより、他方の信頼を失う危険性を抱えると指摘しているが、近年の文化の仲介者の分析では、仲介者が分断された個人やグループを社会とつなぐうえで重要な役割を果たしていることに光が当てられる一方で、仲介者の立場の二重性、曖昧さ、矛盾についての研究が不足しており、仲介の可能性と難しさの両面を捉えた研究が多文化共生を考えるうえでも必要となっている。

第2章の分析は、「ブリッジ人材」の「架け橋」としての役割のみを強調するのではなく、日本の職場で働く労働者としての彼らを取り巻く職場の境界線を明らかにし、その中で彼らがいかに国境を越えた組織をつないでいるのか、そしてそこにはどのような制約があり、また、どのような学びがあるのかを明らかにしたという点で、新しい知見を提供できたのではないかと考える。

エンジニアの引継ぎメモや彼らのインタビューから明らかになった仲介におけるエンジニアたちの工夫、注意している点は以下のとおりである。

①開発スタイルの違いに注意し、できることとできないことを明確化し、相手の期待値を調整する。
②顧客企業の要望を可視化し、自分の思い込みを排除してインド側に伝える。
③顧客側の要望、インド側の事情の間で健全なバランスを取ること（顧客と近接距離で働くことの意味を理解し、二つの組織の間でどちらかに肩入れしすぎないようにする）。

④顧客側の雇用システムを理解し、属人的な働き方をする顧客企業の担当者の期待と自分たちの実情との差異が開きすぎないように事情を説明する。

⑤センシティブな案件にはあらかじめデータを準備して相手の説得にあたる。

⑥トラブル時には感情をコントロールし、顧客から無理な要求やプレッシャーがあれば、一定の距離を取りながら、現実的な交渉・提案をする。また、顧客とのトラブル（パワハラ等）に対しては、相談できるサポートネットワークを構築し、自分だけで問題を抱えこまない。

⑦顧客の職場における海外企業関係者の管理の手法、情報漏洩への懸念を理解し、敷地内で不審（あるいは不適切と思われるような）行動をしない。

⑧インド側との連絡において、相手の状況を理解し、相手を動かすための表現に工夫し、かつ、オフショアの若い世代のエンジニアたちを育てる。

　これらの点は、人材育成において事例分析などの形で取り入れたり、ブリッジエンジニアの経験者を交えた労働環境のディスカッションを行うこともできるだろう。同時に、第2章の結果は、日本の企業側の変化が必要であることも示唆している。社会経済のグローバル化、人手不足が深刻化する中で、顧客企業の担当者が求めているような、外国人労働者に対する「気を利かせる教育」、つまり、企業内の暗黙知を理解し、組織間の橋渡しをすることを求め続けることには限界があり、人手不足が深刻化する中で、自らが変化しようとしない企業が外国人専門職人材を集めることは難しくなっていくことが予想される。人材を求める企業は、まず自分たちの働き方、就労環境を見つめ直し、多様な社

員が働くことを前提とした職場に変化していくことが重要であろう。本章は企業のダイバーシティー教育（小平 2015）のリソースとしても活用してもらえればと考える。

生活の場での仲介

　今回新たに加えた第3章では地域におけるインド IT 企業関係者（よぎ）の仲介活動を分析し、江戸川区の UR に住む地域住民とインド住民の間をどのようにつなぐのかを具体的な住民集会の分析から明らかにした。

　これまで地域の多文化共生の活動では、自治体や国際交流団体がイニシアティブを取る一方、外国住民の「多文化パワー」を活かした取り組みはまだ少なく、また、取り組みの質的な分析が十分には行われてこなかった。第3章のよぎの仲介活動の分析は、IT 企業出身者の地域における仲介活動の詳細な分析として、そして、地域の外国コミュニティー出身者のキーパーソンの仲介活動の事例として貴重な資料となるものであり、第3章はこうした実践の意義を明らかにすることを通じて、地域の多文化共生の在り方を考えるうえで新しい知見を提供できたのではないかと考える。また、本章の知見は今後、多文化共生活動の担い手を育成していくための具体的な教育のリソースとしても活用できるのではないかと考える。

　第1章のエンジニアたちの国際移動と短期就労、第2章のブリッジエンジニアたちの職場での仲介、そして第3章の生活の中での仲介活動は、一見すると相互に関連がないように見えるが、異なる組織、グループをつなぐ活動として、次の表のような共通点がみられ、また、仲介者の立場の二重性、曖昧さも示している。

表 おわりに-1　各章の仲介実践のまとめと共通点

	第1章：営業の仲介	第2章：ブリッジエンジニアの仲介	第3章：インド住民と地域の住民の仲介
差異	開発手法の違い、顧客企業と下請けの非対称的関係性 働き方の違い（「属人的働き方」と高離職率等） 労働環境の違い、業務知識や組織に特殊な情報（暗黙知を含む）等		住民間のお互いに対する期待値の違い（ゴミ分別、騒音、高齢者向けサービス、日本語のみの表記等）
仲介に共通する点	・双方のギャップを素早く特定し、差異を埋める（全章） ・双方の相手に対する期待値にギャップがないようにする（全章） ・どちらかに肩入れせず、健全なバランスを取る（全章） ・どちらかの差別的な発言や行動には再考を求める（第2章、第3章） ・自らも提案し、問題解決に積極的に関わる（全章）		
仲介者の立場の二重性・曖昧さ	営業の吉田： インド企業の営業であるが、顧客側の立場も理解することから、双方のギャップを埋めることに限界を感じ、時には絶望的になることもある。	ブリッジエンジニア： 顧客企業とインド側との間で板挟みになり、どちらか一方に肩入れしすぎることなく、バランスを取ることが求められる（引継ぎメモにはさまざまな注意点があげられている）。	よぎ： 自治会とインド住民の仲介者として、どちらの信頼も必要とするが、よぎが日本国籍を取得したことにより、インドコミュニティーの一部からインド人に指示をする資格がないと言われ、また、区議として外国人のためだけでなく、古くからいる住民のために何ができるのかを問われることもある。

　エンジニアたちの職場、生活における仲介活動は、労働者、生活者の違いはあっても、異なる背景をもつグループを「つなげる」活動として共通性をもっており、私たちはこうした取り組みからさまざまなことを学ぶことができるが、注意しなければなら

ないのは、こうした仲介活動を単純な「スキル」として捉えるのではなく、それがどのような関係性の中で行われているのかに注意を払うことであり、仲介者のもつ二重性にも目を向けながら、今後の人材育成に生かしていくことが大切であろう。

多文化共生に向けた仲介者の育成
──多様な人々を「つなぐ」こと

　最後に本書のブリッジ人材たちの仲介活動の分析は、大学における人材育成にどのように生かすことができるのか検討したい。

　本書のエンジニアたちの職場、そして生活の場での仲介実践をより広い視点から見たとき、それは多様な背景をもつグループ、組織をつなぐためのさまざまな工夫を含んだ仲介実践として示唆に富んでいる。こうした実践は、学校、職場、地域において、多様な他者とどのようにつながっていくことができるのかを考えるうえで、そして組織や人々を積極的に「つなぐ」ことの可能性と課題を知る意味で参考になるのではないだろうか。

　企業のグローバル化、海外進出に対応した労働力へのニーズを背景に、政府や産業界からは日本の大学生の「内向き志向」を打破するための教育が大学に求められており、留学や海外インターンシップの促進を通じた学生の異文化理解、言語コミュニケーション力、主体性、チャレンジ精神などの育成が強調される（政府が推進する、いわゆる「グローバル人材」像の提示する資質から）。

　しかし、大学教育において、企業のニーズと深く連動した人材育成としての、狭義の意味での「グローバル人材」の育成だけを目指すのではなく、より広義の意味での人材育成が求められていることは言うまでもないことであり、地域、社会の中の多様性の理解を深め、地球市民として、学生たちが多様な他者とつなが

り、違いを乗り越えて協働するための資質を養っていくことが教育現場に求められている。こうした資質は海外経験を通じてのみ得られるものではなく、国内で暮らす人々との交流を通じた多文化体験、大学のキャンパス内における留学生と日本人学生の交流や共修活動もまた、多文化理解、多様な背景をもつ人々との協働の経験を積むうえで非常に貴重な機会であり、政府や経済界の求めるグローバル化対応の労働力の育成という観点を超えて、多様化の進む地域社会の中で私たちは他者とどう協働していくのかを考え、行動に移していくうえで国内における多文化協働体験プログラムは非常に重要な意味をもつ（村田 2018）。大学の国際教育において、近年、キャンパス内の日本人学生と留学生が協働することを目的とした多文化共修プログラムへの注目は高まっており（坂本・堀江・米澤 2017）、筆者も大学の国際化を推進する部署に所属する教員として、留学生、日本人学生の混合グループによる多文化協働フィールドワーク教育を実践し、学生同士の主体的な学びと協働の機会を提供している（村田 2018; 佐藤・村田 2018）。

　しかし同時に、こうした共修プログラムにおいて多様なメンバーがつながり、協働してプロジェクトを進めていくことは必ずしも簡単なことではない。プロジェクトによってはメンバー間の連携がうまくいかずプロジェクトが進まない場合も出てくる。そのような状況で重要なのが、チームメンバーを「つなぐ」仲介者の役割であり、仲介者はプロジェクトの成否に大きな影響を与える。仲介者となる学生は、事前に決められたリーダー役の学生に限られるものではなく、筆者の観察では普段は静かにサポートに徹している学生が仲介の役割を担う場合も少なくない。仲介者はプロジェクトの要所要所でメンバーをつなぎ、メンバー間の差異を調整し、進捗状況をチェックし、プロジェクトの完成に大きく貢献する。学生に、多様な人々をつなぐ仲介実践の具体的な例を

示すことは、失敗したプロジェクトを振り返り、何が足りなかったのかを考え、今後に生かすうえで役立つ教育的リソースとなる。

　ここで注意すべき点は大学における国際共修プログラムにおいて、多様な背景をもつ学生が出会い、主体的に課題に取り組み、ともに学び合う、「つながる」仕組みを作ることはもちろん重要であるが、つながること、交流することだけを目指すのでは、十分ではないという点である。今後の多文化共生社会に向けた人材育成を考えるとき、学生たちが多様な背景をもつ人々を積極的につなぐコーディネーターとしての経験を積むことができるようなプログラムを提供することも非常に重要であろう。大学や地域等で人材の育成が始められており、今後の発展が期待される。

　こうした点で本書で分析した仲介者たちの実践は、「つなぐ」人材を育てるためのリソースとして役立つのではないかと考える。本章の第3章のよぎの実践でわかるように、多様な人々をつなぐ実践には、さまざまな配慮が必要であり、また、仲介者自身の地域の当事者としてのイニシアティブも必要とされる。本書の具体的な実践が「つなぐ」人材を育成するうえで活用してもらえればと考える。

　人と人とを「つなぐ」能力を重視する動きは、言語コミュニケーション教育にも見て取れる。欧州評議会のCEFR（ヨーロッパ言語共通参照枠）は、言語コミュニケーション能力の指標として広く活用されており、2018年の増補版（Council of Europe 2018）は、複言語複文化主義に基づいた、多様な人々やモノをつなぐ媒介能力に関する記述を大幅に増やしている。欧州評議会のこうした動きは、近年のヨーロッパにおける移民の増加と社会の分断を背景としており、異なる人々を「つなぐ」能力が、社会の分断を乗り越える力として非常に重視されるようになってきているこ

と、そしてこうした能力が、ホスト社会、移民を問わず、すべての人々の言語コミュニケーションにおいて必要とされていることを示している（North & Piccardo 2016; Coste & Cavalli 2015）。

　本書は、エンジニアたちが国際人材供給システムによって、顧客企業に仲介され、日本の職場で働き、需要がなくなれば切り離されていく状況を分析すると同時に、エンジニアたちが組織や地域を「つなぐ」仲介実践を明らかにし、これにより、労働力の「仲介」、そして、人と人とをつなぐ「仲介」の二つが密接に連動していることを示した。今後の社会を創っていくうえでこのどちらの動きも注視し、二つがどのようにせめぎあい、つながっていくのか、さらに研究していきたいと考える。

　本書の分析が、外国人労働者の受け入れ環境を考える際のリソース、そして、多文化共生に貢献する人材を育成する際のリソースとして参考になれば幸甚である。

　【謝辞】
　本書の論考は、JSPS 科学研究費補助金（16K02823、19K00720）および日本経済研究奨励財団から支援を受けて行われたものであり、出版にあたって法政大学出版助成金を受けている。

【注】
1　DIAMOND ONLINE, https://diamond.jp/articles/-/181725（2019.07.01 アクセス）
2　安藤（2018）は、AI の技術者、データサイエンティストなど高度な開発スキルをもったエンジニアの不足が深刻化していることから、日本語能力は N4 程度でも受け入れていると指摘する。

参考文献

安藤正芳（2018）「外国人と強い開発チームを作る術──日本語レベルは4級で十分、技術者派遣会社を頼る企業の要望」日経 xTECH. 2018年7月12日 https://tech.nikkeibp.co.jp/atcl/nxt/column/18/00367/071000006/（2019.07.01 アクセス）

五十嵐泰正（2015）「グローバル化の最前線が問いかける射程」五十嵐泰正・明石純一（編）『「グローバル人材」をめぐる政策と現実』駒井洋監修，明石書店

五十嵐泰正・明石純一（編）（2015）『「グローバル人材」をめぐる政策と現実』駒井洋監修，明石書店

石井由香・関根政美・塩原良和（2009）『アジア系専門職移民の現在──変容するマルチカルチュラル・オーストラリア』慶応義塾大学出版会

上林千恵子（2017）「高度外国人材受入政策の限界と可能性──日本型雇用システムと企業の役割期待」小井土彰宏（編）『移民受入の国際社会学──選別メカニズムの比較分析』名古屋大学出版会

戎谷梓（2014）「グローバル IT 企業のブリッジ人材に必要なコミュニケーション能力─インド人・スリランカ人ブリッジ人材とその同僚への調査から」『日本労働研究雑誌』651, 97-112.

大島隆（2019）『芝園団地に住んでいます──住民の半分が外国人になったとき何が起きるか』明石書店

王津（2005）「日本の外国人高度人材導入政策と在日中国人──中国人 IT 技術者に対する実態調査を中心に」『中国系移住者から見た日本社会の諸問題』67-138.

岡田薫・岡部一詩（2018）「崩壊するオフショア開発──コスト削減だけでは『行き止まり』」『日経コンピュータ』2018年2月15日号, 24-25.

加賀美常美代（編）（2013）『多文化共生論──多様性理解のためのヒントとレッスン』明石書店

梶田孝道・丹野清人・樋口直人（2005）『顔の見えない定住化──日系ブラジル人と国家・市場・移民ネットワーク』名古屋大学出版会

倉田良樹（2004）「日本における外国人 IT 技術者雇用の現状」一橋大学経済研究所『世代間利害調整に関する研究』ディスカッションペーパーシリーズ 217, 1-22. http://cis.ier.hit-u.ac.jp/Common/pdf/dp/2004/dp217.pdf（2019.07.01 アクセス）

倉田良樹・松下奈美子（2018）「日本の外国人高度人材受入れ政策の検証」移

民政策学会設立 10 周年記念論集刊行委員会『移民政策のフロンティア——日本の歩みと課題を問い直す』明石書店

経済産業省（2015）「IT 産業における下請の現状・課題について」https://www.meti.go.jp/shingikai/sankoshin/shomu_ryutsu/joho_keizai/it_jinzai/pdf/002_07_00.pdf（アクセス 2018.01.04）

経済産業省（2016）「IT 人材の最新動向と将来推計に関する調査結果〜報告書概要版〜」https://www.meti.go.jp/policy/it_policy/jinzai/27FY/ITjinzai_report_summary.pdf（2019.07.01, アクセス）

厚生労働省（2009）「一部上場企業本社における外国人社員の活用実態に関するアンケート調査　調査結果概要」https://www.jil.go.jp/kokunai/blt/backnumber/2009/02/p036-037.pdf（2019.07.01 アクセス）

厚生労働省（2019）「『外国人雇用状況』の届出状況【概要版】」（平成 30 年 10 月末現在）https://www.mhlw.go.jp/content/11655000/000472891.pdf（2019.07.01, アクセス）

高度人材受入推進会議（2009）「外国高度人材受入政策の本格的展開を（報告書）」https://www.kantei.go.jp/jp/singi/jinzai/dai2/houkoku.pdf　（2019.07.01 アクセス）

国土交通省（2019）「UR 賃貸住宅団地における外国人居住者との共生の取組について」https://www.chintai.or.jp/pdf/20190416UR.pdf（2019.07.01 アクセス）

小平達也（2015）「日本企業における『ダイバーシティー改革』と外国人雇用について」五十嵐泰正・明石純一（編）『「グローバル人材」をめぐる政策と現実』駒井洋監修，明石書店

駒井洋（2015）「『移民・ディアスポラ研究』4 の刊行にあたって」五十嵐泰正・明石純一（編）（2015）『「グローバル人材」をめぐる政策と現実』駒井洋監修，明石書店

坂本利子・堀江未来・米澤由香子（編）（2017）『多文化間共修——多様な文化背景をもつ大学生の学び合いを支援する』学文社

佐藤慎司・村田晶子（編）（2018）『人類学・社会学的視点からみた過去、現在、未来のことばの教育：言語と言語教育イデオロギー』三元社

澤宗則（2018）『インドのグローバル化と空間的再編成』古今書院

総務省（2007）「オフショアリングの進展とその影響に関する調査研究　報告書」http://www.soumu.go.jp/johotsusintokei/linkdata/other017_200707_hokoku.pdf（2019.07.01 アクセス）

総務省（2017）「多文化共生事例集——多文化共生推進プランから 10 年　共に拓く地域の未来」http://www.soumu.go.jp/main_content/000476646.pdf（2019.07.01 アクセス）

武鑓行雄（2019）「急成長を続けるインド（2）激変するインド IT 業界と日

印 連 携 」IIST e-Magazine, 2019 年 3 月 7 日 https://www.cfiec.jp/jp-m/2019/0288-1100/（2019.07.01 アクセス）

丹野清人（2007）『越境する雇用システムと外国人労働』東京大学出版

塚﨑裕子（2008）『外国人専門職・技術職の雇用問題—職業キャリアの視点から』明石書店

塚﨑裕子（2013）「グローバル人材の多様性——国を問わず 働く人材と二国間をつなぐ人材を中心に」『日本労務学会誌』14, 2, 27-51.

都市再生機構（2016）「平成 27 年 UR 賃貸住宅居住者定期調査結果の概要」2016 年 8 月 31 日 https://www.ur-net.go.jp/aboutus/jkoukai/bjdv9d00000015c3-att/ur2016_teiki_h27.pdf（2019.03.01 アクセス）

フレデリック・P・ブルックス Jr.（2014）『人月の神話——狼人間を撃つ銀の弾はない』滝沢徹・牧野祐子・宮澤昇（訳）、丸善出版（原著出版 1975 年）

法務省（2018）「在留外国人統計（旧登録外国人統計）統計表」2018 年 12 月末 http://www.moj.go.jp/housei/toukei/toukei_ichiran_touroku.html（2019.03.01 アクセス）

堀井恵子（2008）「留学生の就職支援のためのビジネス日本語教育に求められるものは何か」『武蔵野大学文学部紀要』9, 132-140.

堀井恵子（2009）「留学生に対するビジネス日本語教育のシラバス構築のための調査研究——中国の日系企業へのインタビューからの考察」『武蔵野大学文学部紀要』10, 77-89.

幕田順子（2016）「多文化共生社会を担う外国出身者コミュニティ」毛受敏浩（編）『自治体がひらく日本の移民政策——人口減少時代の多文化共生への挑戦』明石書店

水野真木子（2018）『コミュニティー通訳——多言語社会を迎えて言葉の壁にどう向き合うか…暮らしの中の通訳』大阪教育図書

宮島喬（2009）「『多文化共生』の問題と課題 —— 日本と西欧を視野に 」『学術の動向』日本学術協力財団, 10-19. https://ci.nii.ac.jp/naid/130000450657/10.5363/tits.14.12_10（2019.07.01 アクセス）

村田晶子（2009）「複言語状況におけるブリコラージュが意味するもの——工学系の二つの共同体における事例から」『WEB 版リテラシーズ』6, 2, 1-9. http://literacies.9640.jp/dat/litera6-2-1.pdf（2019.07.01 アクセス）

村田晶子（2010）「外国高度人材の国際移動と労働——インド人 IT エンジニアの国際移動と請負労働の分析から」『移民政策研究』2, 74-89.

村田晶子（2011）「外国人専門職人材のキャリア実践」『異文化間教育』33, 81-97.

村田晶子（編）（2018）『大学における多文化体験学習への挑戦——国内と海外を結ぶ体験的学びの可視化を支援する』ナカニシヤ出版

毛受敏浩（編）（2016）『自治体がひらく日本の移民政策——人口減少時代の多文化共生への挑戦』明石書店

森幸一（1999）「ブラジルからの日系人デカセギの15年——還流型移住としての〈デカセギ〉」『ラテンアメリカ・レポート』16, 2, 2-13.

文部科学省（2018）「ポスト留学生30万人計画を見据えた留学生政策（現状・課題）」http://www.mext.go.jp/b_menu/shingi/chukyo/chukyo4/042/siryo/_icsFiles/afieldfile/2018/05/28/1405510_4.pdf（2019.07.01アクセス）

安田浩一（2019）『移民と団地——課題最先端「空間」の闘い』角川書店

山田敦（2009）「『ハイテク移民』研究序説」『一橋法学』8, 2, 47-72.

吉田勝彦（2015）「日本企業のオフショア開発におけるブリッジ人材に関する研究—ベトナムでの事例を中心に」大阪市立大学大学院創造都市研究科　博士学位論文

労働政策研究・研修機構（2016）「『第7回勤労生活に関する調査』結果——スペシャル・トピック「『全員参加型社会』に関する意識」」https://www.jil.go.jp/press/documents/20160923.pdf（2019.07.01アクセス）

Aneesh, A. (2006). *Virtual migration: The programming of globalization.* Durham: Duke University Press.

Angelelli, C. (2004). *Medical interpreting and cross-cultural communications.* Cambridge: Cambridge University Press.

Beck, U. (1992). *Risk society. Towards a new modernity.* London: Sage Publications.

Bhatnagar, S. (2006). India's software industry. In V. Chandra, (Eds), *Technology, adaptation, and exports: How some developing countries got it right* (49-81). Washington DC: The World Bank.

Bischoff, A. (2003). *Caring for migrant and minority patients in European hospitals. A review of effective interventions.* Swiss Forum for Migration and Population Studies. Retrieved July 1, 2019, from http://mighealth.net/eu/images/0/0e/Bisch.pdf

Coste, D., & Cavalli, M. (2015). *Education, mobility, otherness: The mediation function of schools.* Council of Europe. Retrieved July 1, 2019, from https://rm.coe.int/education-mobility-otherness-the-mediation-functions-of-schools/16807367ee

Council of Europe (2018). *Common European framework of reference for languages: Learning, teaching, assessment, Companion volume with new descriptors.* Retrieved July 1, 2019, from https://rm.coe.int/cefr-companion-volume-with-new-descriptors-2018/1680787989

De Certeau, M. (1984). *The practice of everyday life*. (S. Rendall, Trans.). Berkeley, CA: University of California Press.

Dibbern, J., Winkler, J.K., & Heinzl, A. (2008). Explaining variations in client extra costs between software projects offshored to India. *MIS Quarterly*, 32, 2, 333-366.

D'Mello, M., & Sahay, S. (2007). "I am kind of a nomad where I have to go places and places" Understanding mobility, place and identity in global software work from India, *Information and Organization*, 17, 3, 162-192.

Geertz, C. (1960). The Javanese kijaji: The changing role of a cultural broker, *Comparative Studies in Society and History*, 2, 2, 228-249.

Gregory, R., Beck, R., & Prifling, M. (2009). Breaching the knowledge transfer blockade in IT offshore outsourcing projects: A case from the financial services industry. *Proceedings of the 42nd Hawaii International Conference on System Sciences*. Retrieved July 1, 2019, from https://www.researchgate. net/publication/224373005_Breaching_the_Knowledge_Transfer_Blockade_ in_IT_Offshore_Outsourcing_Projects_-_A_Case_from_the_Financial_ Services_Industry

Faust, D., & Nagar, R. (2001). Politics of development in postcolonial India: English-medium education and social fracturing. *Economic and Political Weekly*, 36, 30, 2878-2883.

Heath, S. B. (1983). *Ways with words: Language, life, and work in communities and classrooms*. Cambridge: Cambridge University Press.

Hochschild, A. R. (1983). *The managed heart: Commercialization of human feeling*. Berkeley, CA: University of California Press.

Ilavarasan, P. V. (2008). Software work in India: A Labor process view. In C. Upadhya & A.R. Vasavi (Eds), *An outpost of the global economy: Work and workers in India's information technology industry* (pp.162-189). New Delhi: Routledge.

Katz, V. (2014). Children as brokers of their immigrant families' health-care connections. *Social Problems*, 61, 2, 194-215.

Krishna, A., & Brihmadesam, V. (2006). What does it take to become a software professional? *Economic and Political Weekly*, 41, 30, 3307-14.

Lam, A. (1997). Embedded firms, embedded knowledge: Problems of collaboration and knowledge transfer in global cooperative ventures. *Organization Studies*, 18, 6, 973-996.

Lave, J. (1988). *Cognition in practice: Mind, mathematics, and culture in everyday life*. Cambridge: Cambridge University Press.

Lave, J., & Wenger, E. (1991). *Situated learning: Legitimate peripheral participation*. Cambridge: Cambridge University Press.

Lave, J., & McDermott, R. (2002). Estranged (labor) learning. *Outlines. Critical Practice Studies*, 4, 1, 19-48.

Leonardi, P. M., & Bailey, D.E. (2008). Transformational technologies and the creation of new work practices: Making implicit knowledge explicit in task-based offshoring. *MIS Quarterly*, 32, 2, 411-436.

Lévi-Strauss, C. (1966). *The savage mind*. Chicago, IL: The University of Chicago Press. (Original work published 1962).

Lindsay, S., Tétrault, S., Desmaris, C., King, G., & Piérart, G. (2014). Social workers as "cultural brokers" in providing culturally sensitive care to immigrant families raising a child with a physical disability, *Health & Social Work*, 39, 2, e10–e20.

Mahnke, V., Wareham, J., & Bjorn-Andersen, N. (2008). Offshore middlemen: Transnational intermediation in technology sourcing. *Journal of Information Technology*, 23, 1, 18-30.

Massey, D.S., & Sanchez, M. (2010). *Brokered boundaries*. New York: Russell Sage.

Meehan, P., & Plonski, S. (2017). Brokering the margins: A Review of concepts and methods. Working Paper No.1., *Borderlands, brokers and peacebuilding in Sri Lanka and Nepal: War to peace transitions viewed from the margins*. SOAS and the University of Bath. Retrieved July 1, 2019, from http://www.borderlandsasia.org/public/uploads/1488349944_BROKERING+THE+MARGINS+-+Patrick+Meehan+and+Sharri+Plonski+-+February+2017.pdf

Metiu, A. (2006). Owning the code: Status closure in distributed groups. *Organization Science*, 17, 4, 418-435.

Murata, M. (2011). *Brokering culture and labor: An anthropological analysis of IT offshore labor between Japan and India*. Dissertation, Graduate School of Arts and Sciences, Columbia University.

NASSCOM & PricewaterhouseCoopers (2008). *Opportunities for Indian IT industry in Japan*. New Delhi: NASSCOM.

NASSCOM (2019). *Industry performance: 2018-19 and what lies ahead*. Retrieved July 1, 2019, from https://www.nasscom.in/sites/default/files/Industry-Performance2018-19-and-what-lies-ahead_0.pdf

North, B., & Piccardo, E. (2016). *Common European framework of reference for languages: Learning, teaching, assessment. Developing illustrative descriptors of aspects of mediation for the CEFR.* Retrieved July 1, 2019, from https://rm.coe.int/common-european-framework-of-reference-for-languages-learning-teaching/168073ff31

Orellana, M.F., Dorner, L., & Pulido, L. (2003). Accessing assets: Immigrant youth's work as family translators or "para-phrasers." *Social Problems*, 50, 4, 505-24.

Orellana, M.F. (2009). *Translating childhoods: Immigrant youth, language, and culture.* New Brunswick, NJ: Rutgers Univ. Press.

Rumbaut, R.G., & Portes, A. (Eds.). (2001). *Ethnicities: Children of immigrants in America.* Berkeley, CA: University of California Press.

Sahay, S., Nicholson, B., & Krishna, S. (2003). *Global IT outsourcing: Software development across borders.* Cambridge: Cambridge University Press.

Scribner, S., & Cole, M. (1981). *The psychology of literacy. Cambridge*, Mass.: Harvard University Press.

Seiler, A. J. (1965). Siamo Italiani.: Die Italiener. *Gespräche mit Italienischen Arbeitern in der Schweiz.* Zürich: EVZ-Verl.

Szulanski, G. (1996). Exploring internal stickiness: Impediments to the transfer of best practice within the firm. *Strategic Management Journal*, 17, 27-43.

Tse, L. (1995). Language brokering among Latino adolescents: Prevalence, attitudes, and school performance. *Hispanic Journal of Behavioral Sciences*, 17, 180-193.

Tse, L. (1996). Language brokering in linguistic minority communities: The case of Chinese- and Vietnamese American students. *The Bilingual Research Journal*, 20, 485-498.

Upadhya, C., & Vasavi, A.R. (2006). *Work, culture, and sociality in the Indian Information Technology (IT) industry: A Sociological Study.* School of Social Sciences, National Institute of Advanced Studies, Indian Institute of Science Campus.

Upadhya, C. (2006). The global Indian software labour force: IT professionals in Europe. *IDPAD Working Papers Series*, 2006 No.1.

Upadhya, C., & Vasavi, A.R. (Eds). (2008). *In an outpost of the global economy: Work and workers in India's information technology industry.* New Delhi: Routledge.

Upadhya, C. (2008). Management of culture and management through culture in the Indian software outsourcing industry. In C. Upadhya & A.R. Vasavi (Eds), *An outpost of the global economy: Work and workers in India's information technology industry* (pp.101-135). New Delhi: Routledge.

Upadhya, C. (2009). Controlling offshore knowledge workers: Power and agency in India's software outsourcing industry. *New Technology, Work and Employment*, 24, 1, 2-18.

Vygotsky, L. S. (1980). *Mind in society: Development of higher psychological processes*. edited by M. Cole, V. John-Steiner, S. Scribner, & E. Souberman, Cambridge, MA: Harvard University Press.

Willis, E. (1999). From culture brokers to shared care: The changing position of literacy for Aboriginal health workers in central Australia. *Studies in Continuing Education*, 21, 163-175.

Wolf, E.R. (1956). Aspects of group relations in a complex society: Mexico. *American Anthropologist*, 58, 6, 1065–1078.

Xiang, B. (2007). *Global "body shopping": An Indian labor system in the Information technology industry*. Princeton: Princeton University Press.

◉著者プロフィール

村田晶子（むらた・あきこ）
現職：法政大学グローバル教育センター教授
専門：教育人類学（Ph.D.）、多文化教育、言語文化教育、日本語教育
主な著書：
村田晶子・中山京子・藤原孝章・森茂岳雄（編著）(2019)『チャレンジ！ 多文化体験
ワークブック——国際理解と多文化共生のために』ナカニシヤ出版
村田晶子（編著）(2018)『大学における多文化体験学習への挑戦——国内と海外を結ぶ
体験的学びの可視化を支援する』ナカニシヤ出版
佐藤慎司・村田晶子（編著）(2018)『人類学・社会学的視点からみた過去、現在、未来
のことばの教育——言語と言語教育イデオロギー』三元社

外国人労働者の循環労働と文化の仲介
——「ブリッジ人材」と多文化共生

2020 年 2 月 28 日　初版第 1 刷発行

　　　　　著　者　村　田　晶　子
　　　　　発行者　大　江　道　雅
　　　　　発行所　株式会社　明　石　書　店
　　　　〒101-0021 東京都千代田区外神田 6-9-5
　　　　　　　電　話　03（5818）1171
　　　　　　　FAX　03（5818）1174
　　　　　　　振　替　00100-7-24505
　　　　　　　http://www.akashi.co.jp
　　　　　組　版　　有限会社秋耕社
　　　　　装　丁　　明石書店デザイン室
　　　　　印刷・製本　モリモト印刷株式会社

（定価はカバーに表示してあります）　　　　ISBN978-4-7503-4991-6

〈価格は本体価格です〉

〈価格は本体価格です〉

〈価格は本体価格です〉

〈価格は本体価格です〉